Follow Me

《亲历者》编辑部 编著 ★年年修订★

重庆
深度游

慢·旅·行·的·倡·导·者

中国铁道出版社有限公司
CHINA RAILWAY PUBLISHING HOUSE CO., LTD.

图书在版编目（CIP）数据

重庆深度游Follow Me /《亲历者》编辑部编著.
6版. --北京：中国铁道出版社有限公司，2025.6.
（亲历者）. -- ISBN 978-7-113-32176-5

Ⅰ. K928.971.9

中国国家版本馆CIP数据核字第202569N5Q5号

书　　名：	重庆深度游Follow Me
	CHONGQING SHENDU YOU Follow Me
作　　者：	《亲历者》编辑部

责任编辑：	孟智纯	编辑部电话：（010）51873697
封面设计：	赵　兆	
责任校对：	苗　丹	
责任印制：	赵星辰	

出版发行：	中国铁道出版社有限公司（100054，北京市西城区右安门西街8号）
网　　址：	https://www.tdpress.com
印　　刷：	天津嘉恒印务有限公司
版　　次：	2015年1月第1版　2025年6月第6版　2025年6月第1次印刷
开　　本：	660 mm × 980 mm　1/16　印张：14　字数：297千
书　　号：	ISBN 978-7-113-32176-5
定　　价：	68.00元

版权所有　侵权必究

凡购买铁道版图书，如有印制质量问题，请与本社读者服务部联系调换。电话：（010）51873174
打击盗版举报电话：（010）63549461

如何使用本书

景　区
精选重庆31个最热门的目的地，囊括重庆的旅游精华。

景区概述
用简练的语言，让读者对景区有一个整体认识。

微印象
精选自媒体平台、旅游网站上旅行者对景区作出的价值性点评，让读者对景区有一个初步的认识，确定旅游目的地。

基本信息
包括门票价格、景区开放时间、最佳旅游季节、进入景区的各种交通方式等实用信息。

景区星级
从美丽、浪漫、休闲、人文、特色、刺激6个方面给景区评级。

景区示意图
标注景区出入口、游览线路、观光点、景区配套设施等信息。

子景点
观光点的详细介绍，并配有实用攻略、小贴士、旅友点评等丰富的资讯。

图　片
选取精美图片，提升现场感，提供摄影参考。

景区攻略
包含住宿、美食、购物、娱乐、景区内部交通、旅游注意事项等，丰富且实用。

导　读
提供重庆的基本背景信息，让读者先认识目的地，再开始旅行。

爱上城市
若干幅精美图片，让读者对目的地建立感性印象。

城市概览
以图文形式，梳理城市的地理、历史、文化等知识，让读者对目的地建立初步认识。

读懂城市
以专题的形式，介绍一些文化主题，让读者对目的地产生更深刻的认识。

重庆，
来玩就要有深度

重庆深度游
Follow Me
慢旅行的留守

魔幻之都

　　重庆依山而建，建筑错落有致，道路崎岖不平，所以在重庆，总有爬不完的坡坡坎坎等着你。在这些坡坡坎坎上，你总会不期而遇那些扛着大货包的棒棒军。如果想感受老重庆的百姓气息，你可以到下半城的众多步道上走走。

　　起伏的山势和依山而建的楼房让地图在重庆显得用处不大，迷路是经常会发生的事。在这里，可能前门进去是一楼大厅，后门出来却是数层高楼。去问路，人们一般不说东南西北，而是告诉你上下左右。特殊的地理位置也形成了重庆独特的绮丽风景。

山水之城

　　重庆依山而建，因水而生，嘉陵江、长江两江蜿蜒曲折，在这里汇合，奔腾东去，大巴山的余脉在这里耸峙千年，重庆从来不缺少令人惊艳的山水美景。

　　仙女山、金佛山、四面山，山山俊秀，山中奇峰异石夹杂着泉水叮咚，令人感叹大自然的神奇。此外，重庆还有歌乐山这样的革命圣地。说到重庆的水之美，那就一定要说长江三峡，乘船游览，两岸宛若一幅浓淡相宜的山水国画。

　　在重庆的山水之间，还隐藏着许多颇具怀旧感的古镇，它们像是重庆这座繁华都市的另一面。

　　重庆，简称巴或渝，是中国西南地区的工商业重镇，也是中国西部唯一的中央直辖市。它静卧四川盆地之中，栖息于长江与嘉陵江交汇之处，地势错落有致，江河回环曲折。

　　重庆是山城。在楼宇中穿梭的单轨、依山势而建的楼房、经常"失效"的地图会让人觉得这是个只在电影中才见的魔幻世界。

　　重庆也被人叫作"雾都"，需要拨开层层迷雾才能见到它的"真身"，云天与高楼相接，薄雾弥散，宛如仙境一般。

　　重庆被誉为"美食之都"，最著名的就属火锅了。在重庆，每隔20米就会有一家火锅店。一桌子人围着煮沸的热辣火锅，大汗淋漓，畅所欲言，那种酣畅游走于身体每一个细胞。

　　去看一看重庆吧，或是在古朴甚至有些破旧的山城步道上感受最真实的老重庆生活；或是于老旧难找的火锅店吃一次真正的老火锅；也可以在视野最佳的观景台欣赏重庆的璀璨夜景。无论你以怎样的方式走近这座城市，相信它都不会让你失望。

味觉江湖

　　提到重庆，很多人第一个想到的便是美食。的确，重庆是个美食遍布的城市。重庆人很豪爽，在烹饪上也不拘小节，大把的辣椒和花椒，辣要辣得够爽，麻要麻得够劲，颇有些江湖味道。

　　说到重庆美食，最著名的当属火锅了。重庆老火锅以厚味重油著称，深藏在大街小巷之中。小面也是不得不尝的美食，很多重庆人的一天都是从一碗小面开始的。除此之外，还有串串、酸辣粉、山城汤圆、棒棒鸡、毛血旺等众多重庆美食等着你。

目录

速读重庆 001-027

爱上重庆
- 传统渝地特色建筑…………002
- 九霄星辉落凡尘…………005
- 魔幻奇特的城市轨道…………006
- 凝睇千年的烟雨古镇…………008

重庆概览
- 重庆游玩亮点…………010
- 重庆地理…………011
- 重庆历史…………012
- 重庆美食…………014
- 重庆多彩旅行…………016
- 重庆城区二日游…………018
- 重庆经典三日游…………019

读懂重庆
- 重庆小面：家乡的味道……020
- 山城重庆：颠覆你的常识…………021
- 吊脚楼：重庆独特的传统民居…………022
- 棒棒军：重庆独有的精神力量…………023
- 码头：重庆发展的见证者…………024
- 川江号子：一鼓作气的民间音乐…………025
- 抗战陪都：壮阔历史的记忆…………026
- 三峡移民：挥别家园为国家…………027

第1章 中心城区 028-069

- 解放碑商业区…………030
- 重庆市人民大礼堂…………038
- 朝天门…………042
- 洪崖洞…………047
- 湖广会馆…………051
- 歌乐山…………057
- 红岩革命纪念馆…………065

第2章 重庆郊区 070-097

- 南山风景区…………072
- 缙云山…………080
- 华岩旅游区…………085
- 钓鱼城…………089
- 海兰云天温泉…………093

第3章 古镇旅游 098-125

- 磁器口古镇…………100
- 涞滩古镇…………106
- 龚滩古镇…………112
- 安居古城…………118
- 长寿古镇…………121

第4章 126-175
重庆郊县

大足石刻………………………	128
武隆喀斯特旅游区……………	135
黑山谷…………………………	145
梦幻奥陶纪……………………	149
桃花源…………………………	152
四面山…………………………	158
龙缸景区………………………	165
金佛山…………………………	168
白鹤梁水下博物馆……………	174

第5章 176-216
长江三峡旅游区

巫峡……………………………	186
瞿塘峡…………………………	191
巫山小三峡……………………	197
丰都名山………………………	204
张飞庙…………………………	211

示意图目录

解放碑商业区示意图…………	032
重庆市人民大礼堂示意图……	040
朝天门示意图…………………	045
湖广会馆示意图………………	052
歌乐山示意图…………………	059
红岩村示意图…………………	067
一棵树观景园示意图…………	073
南山植物园示意图……………	074
南山风景区示意图……………	076
缙云山示意图…………………	082
华岩寺景区示意图……………	087
磁器口古镇示意图……………	103
涞滩古镇示意图………………	109
龚滩古镇示意图………………	114
长寿古镇示意图………………	123
大足石刻示意图………………	131
宝顶山石刻示意图……………	132
武隆喀斯特旅游区示意图……	136
天生三桥示意图………………	137
仙女山示意图…………………	138
芙蓉洞示意图…………………	139
芙蓉江示意图…………………	142
龙水峡地缝示意图……………	143
黑山谷示意图…………………	147
桃花源示意图…………………	154
四面山示意图…………………	160
金佛山示意图…………………	170
长江三峡示意图………………	180
巫峡示意图……………………	189
白帝城示意图…………………	193
巫山小三峡示意图……………	199
丰都名山示意图………………	206
张飞庙示意图…………………	215

速读重庆

爱上重庆

传统渝地特色建筑

九霄星辉落凡尘

魔幻奇特的城市轨道

凝睇千年的烟雨古镇

重庆概览

重庆每月亮点

重庆地理

重庆历史

重庆美食

重庆多彩旅行

重庆城区二日游

重庆经典三日游

读懂重庆
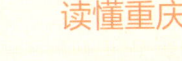

重庆小面：家乡的味道

山城重庆：颠覆你的常识

吊脚楼：重庆独特的传统民居

棒棒军：重庆独有的精神力量

码头：重庆发展的见证者

川江号子：一鼓作气的民间音乐

抗战陪都：壮阔历史的记忆

三峡移民：挥别家园为国家

传统渝地特色建筑

夕阳西下,华灯初上,洪崖洞披上金色的外衣,灯火辉煌,流光溢彩。洪崖洞被誉为"新贵"旅游热门地,其造型极富渝地传统建筑特色,已成为重庆的网红地标之一。

爱上重庆 |

爱上重庆 |

九霄星辉落凡尘

夜幕降临，灯火初明，两江与灯海相衬，霓虹在江面倒映，车船在星河流彩，这是一幅流动的画卷，这是一曲迷人的交响。重庆的夜景宛如星星一般璀璨，令人犹如身处诗里、梦里一般。

魔幻奇特的城市轨道

在2号线的李子坝站,每天都会上演单轨穿楼飞驰而过的神奇一幕;在1号线的烈士墓站内,俯仰皆是酷炫斑斓的涂鸦;在1号线的磁器口站内,四根立柱上满是幽默风趣的重庆方言。大概没有哪一座城市的轨道能比得上重庆的魔幻奇特了吧。

凝眸千年的烟雨古镇

　　美丽的重庆孕育着众多特色鲜明、历史悠久的古镇，龚滩、涞滩、安居、万灵、长寿、中山……这些古镇或是因江而生，或是物品集散之地。那一条条石板街，一座座吊脚楼，都是重庆这座城市久远历史和记忆的见证。

爱上重庆 |

重庆 游玩亮点

4月7日至5月12日
游玩推荐：潼南玫瑰花节
地点：潼南区崇龛镇

农历正月初一至十五
游玩推荐：磁器口庙会
地点：磁器口古镇

6月9日—12日
游玩推荐：土家族"毕兹卡"民俗歌舞晚会
地点：石柱县黄水国家森林公园

1月至3月
游玩推荐：铜梁奇彩梦园新春活动
地点：铜梁黄桷门奇彩梦园

6月29日至7月1日
游玩推荐：重庆避暑旅游文化节
地点：解放碑步行街

3月中旬至4月初
游玩推荐：长寿湖郁金香花节
地点：长寿湖景区

7月至8月
游玩推荐：重庆啤酒节
地点：重庆主城区

3月
游玩推荐：重庆都市旅游节
地点：重庆主城区

8月至9月
游玩推荐：潼南太安鱼美食文化节
地点：潼南区

3月底至4月初
游玩推荐：丰都庙会
地点：丰都鬼城

10月
游玩推荐：重庆美食节
地点：重庆主城区

12月中下旬
游玩推荐：金佛山滑雪
地点：金佛山

重庆概览

重庆
地理

人口：3190.47万（截至2024年末）
面积：约8.24万平方千米
民族：汉族、土家族、苗族等。汉族人口最多。

地形

重庆市位于中国西南部，地处长江上游，辖区主要分布在长江沿线，以丘陵、山地为主，平均海拔为400米。地势从南北两面向长江河谷倾斜，起伏较大，多呈现"一山一岭""一山一槽二岭"的形貌。

地质多为喀斯特地貌构造，因而溶洞、温泉、峡谷、关隘居多。重庆市区坐落在长江与嘉陵江交汇处，四面环山，江水回绕，城市傍水依山，层叠而上，地形起伏有致，立体感强，既以江城著称，又以山城扬名。

气候

重庆位于北半球亚热带内陆地区，为亚热带季风性湿润气候，与武汉、南昌、南京并称长江流域"四大火炉"。

重庆雨季集中在夏秋，尤以夜雨居多，历代诗人常以"巴山夜雨"为题吟诗填词。而每年秋末至次年春初多雾，年均雾日为104天，光能资源少，亦有"雾都"之称。重庆还是中国日照最少的城市之一。

011

重庆历史

远古时期

距今 200 万年前的旧石器时代早期，在今重庆巫山县已经出现了中国最早的人类——巫山人。距今 2 万年至 3 万年的旧石器时代晚期，出现了"铜梁文化"（今重庆铜梁区）。

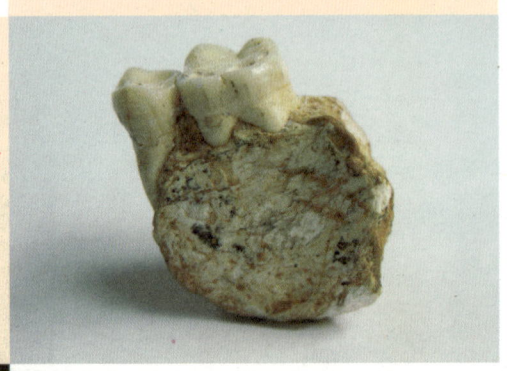

商周时期

三峡地区是中国主要岩盐产区，由于盐是古代重要的硬通货之一，由此在巫山地区催生了早期的巴国文明，巴人以重庆为首府，建立了巴国。

春秋战国时期

公元前 689 年，巴、楚激战于那处（今湖北荆门市东南），双方相持数月，巴人不敌而归，只得向阆中一带退却。巴楚之战时断时续，几乎贯穿整个巴国历史。

周慎靓王五年，即秦惠文王更元九年（前 316 年），张仪带兵灭巴之后，屯兵江州，筑巴郡城（江州城），城址在今渝中区长江、嘉陵江汇合处朝天门附近，是为史载重庆建城之始。后秦分天下为三十六郡，巴郡为其一。

隋唐时期

隋开皇元年（581 年），隋文帝改楚州为渝州，重庆始简称"渝"。隋大业三年（607 年）改渝州为巴郡。唐武德元年（618 年）改巴郡为渝州。李白等大诗人曾来此留下了多首经典名篇来赞美重庆的风土人情。

重庆概览

宋朝时期

北宋大中祥符元年（1008年），江津知县冯忠创办了五举书院，这是重庆地区最先出现的书院。

南宋淳熙十六年（1189年），宋光宗先封恭王，后即帝位，自诩"双重喜庆"，升恭州为重庆府，重庆由此得名。

明清时期

明崇祯十七年（1644年），大西军首领张献忠攻占重庆。

清光绪十七年（1891年），重庆海关在朝天门附近设立。清光绪二十一年（1895年），重庆成为中国第一批对外开埠的内陆通商口岸。

近现代

1929年，重庆正式建市。

1937年抗日战争全面爆发后，南京国民政府西迁重庆，同年11月定重庆为临时"陪都"。

1949年11月30日，中国人民解放军解放重庆。同年12月11日，重庆市人民政府成立。

1997年3月14日，重庆直辖市成立，成为中国四大直辖市之一。

2010年，重庆两江新区设立，这是继上海浦东新区和天津滨海新区之后的中国第三个国家级新区。

重庆美食

重庆菜属于渝派川菜,以"麻、辣、鲜、嫩、烫"为重点。重庆人很豪爽,对于吃,他们认为辣要辣得够爽,麻要麻得够劲。

重庆被称作"中国火锅之都",在这里可以品尝到各种各样的特色火锅。而小面也是重庆的代表性美食,除此之外,还有酸辣粉、泉水鸡、毛血旺等令人垂涎三尺的美食。

小面

小面是重庆人对面条的称呼,重庆人对小面的热爱不亚于火锅。清早起来,很多人都会蹲在路边,放下形象来上一碗。

哪里吃: 位于渝中区民生路85号的花市豌杂面是重庆小面的前五强,有15年历史,招牌豌杂面的豌豆软烂,入味十足。

火锅

重庆有鸳鸯火锅、四味火锅、药膳火锅、鱼头火锅等,最受欢迎的地道老火锅大都深藏在巷弄之中。老火锅以厚味重油著称,非常注重"麻"与"辣"的结合。

哪里吃: 洪崖洞的巴九门老火锅、解放碑的周师兄重庆火锅和三峡广场的德庄火锅都是吃火锅的好去处。

重庆概览

酸辣粉

以酸辣味而得名,是重庆民间广为流传的传统名小吃,主要采用红薯粉加工而成,因物美价廉,长期以来一直受人喜爱。

哪里吃:位于渝中区八一路好吃街的好又来酸辣粉每天门口都会排起长队。招牌酸辣粉是酸得够味,辣得够爽,粉很劲道嫩滑。

泉水鸡

源于重庆南山,是近年来在渝川地区流行的新派菜之一,香辣可口,回味无穷。

哪里吃:想要吃到正宗的泉水鸡就要到南山泉水鸡一条街,吃完还可以顺道去一棵树欣赏夜景。

解放碑八一路好吃街

重庆最负盛名的美食街,这里拥有重庆各式各样的名小吃,如酸辣粉、凉面、山城小汤圆、王鸭子等,可以说是重庆的小吃集合地。

怎么去:乘坐地铁1号线至较场口站;乘346、476、0492路等公交车至长城大厦站,步行约250米即到。

南滨路美食街

南滨路紧靠长江南岸,是重庆观赏夜景的绝佳之处,这里汇集了极旺的人气,云集了大江南北各地菜系,以中餐火锅为龙头,带动其他休闲娱乐消费。这里的餐厅档次相对较高,环境十分考究。

怎么去:市内乘129、353、373路公交车在南滨路晓月路口站下车可到。

015

重庆
多彩旅行

如果旅行中没有多彩的亲身体验环节，整个行程多少会显得有些枯燥，而重庆是个随处都能发现乐趣的地方。除了街头大大小小的火锅店与小面店能让人大快朵颐外，还能乘长江索道观景，走山城步道看真实老重庆，看重庆轨道交通的奇观……

乘长江索道

长江客运索道，已经成为游客在山城的必游项目。索道起于渝中区长安寺，横跨长江至南岸区的上新街。乘上索道，滑向江对岸，一路可见近在咫尺的钢筋森林、长江及江北南岸区的风光。若时间充裕，最好白天和夜晚各乘一次，会有别样感受。

走山城步道

山城步道是重庆城区中一些爬坡上坎的小巷子，走山城步道是最能深入感受重庆的方式之一。不论是串联起老重庆风味景点的第三步道，还是旧貌换新颜的十八梯，不论是沿路赏遗址，还是体验山城爬坡上坎的特色，抑或是看老重庆人在临街的小楼前晒太阳、拉家常，都能让你静下心来，看到隐藏在璀璨浮华外表下的最真实的老重庆生活。

重庆概览

享刺激漂流

小小三峡涧深峰秀水浅，幽、秀、翠、奇、怪、雄、险集于一身，比三峡、小三峡有过之而无不及，且河道窄，绝壁高，奇峰处处，石滩多，一路全是鹅卵石，即使一路涉水下来，也会乐趣无穷。这里的漂流分为两种：环漂和短漂。环漂就是漂完整个小小三峡，落差很小，很平稳，但4个小时左右的漂流也是对体力、意志的考验。短漂指的是漂小小三峡的最后一个峡——三撑峡，这一段水稍深，落差大，可充分享受漂流的乐趣，全程有惊无险，仅半个小时即可漂完此段。

看轨道奇观

重庆李子坝，一列单轨列车从江边高架桥上驶过，每当这时，江对岸总会有人举起手机，认真捕捉这趟列车的行进路线，这趟列车最特别的地方是它竟然直接驶入一栋居民楼，车站就建在居民楼里，这被看作重庆轨道交通的一大奇观。每天列车要穿过这栋居民楼三百多次，上万乘客要在这个独特的车站上上下下。

赏艺术街区

黄桷坪涂鸦艺术街位于重庆市九龙坡区黄桷坪辖区，起于黄桷坪铁路医院，止于501艺术库，全长约1.25千米，总面积约5万平方米，是当今中国乃至世界最大的涂鸦艺术作品群。相信绚丽梦幻般的涂鸦会给你一种斑斓的视觉冲击和强烈的心灵震撼。

017

重庆
城区二日游

DAY 2
早餐后前往中国三峡博物馆，之后来到朝天门，可以坐上游船，体验重庆古老码头的往日风采。

午后来到解放碑。傍晚前往南山风景区，在南山一棵树赏无敌夜景。

DAY 1
早上先参观红岩革命纪念馆，随后来到歌乐山，优美的自然风光及山脚下的歌乐山烈士陵园，一定能满足你假日休闲、追寻历史的需求。

下午来到磁器口古镇，在这里可品尝地道美食，或可在古镇闲逛。

红岩革命纪念馆 — 歌乐山 — 磁器口古镇 — 中国三峡博物馆 — 朝天门 — 解放碑 — 南山风景区

重庆概览 |

重庆
经典三日游

DAY 1

　　早饭后先去参观湖广会馆，这是中国现存规模最大的古会馆建筑群。然后去解放碑，吃特色小吃，再去魁星楼，感受"你以为在1楼，转身却是在22楼"的神奇景象。之后前往龙门浩老街，看看昔日的"洋人街"。晚上就去洪崖洞，感受夜色下的巴渝传统"吊脚楼"建筑。

DAY 2

　　早餐后从重庆市区前往蚩尤九黎城，中午可以尝尝特色的土家长桌宴。下午游览仙女山国家森林公园，晚餐后可观赏演出《印象武隆》。

DAY 3

　　上午去黄桷坪的文艺集中区川美，游览四川美术学院和附近的涂鸦一条街，下午去李子坝感受单轨从房屋中间穿过的魔幻景象。之后到朝天门码头，乘坐游轮游览嘉陵江与长江。

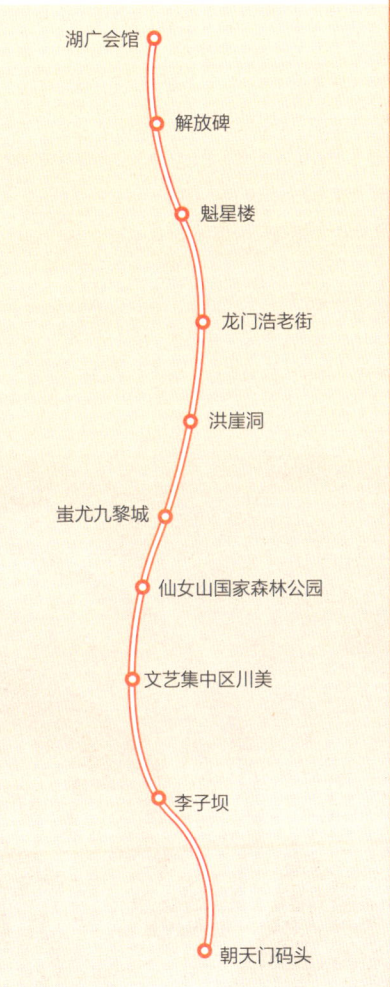

湖广会馆
解放碑
魁星楼
龙门浩老街
洪崖洞
蚩尤九黎城
仙女山国家森林公园
文艺集中区川美
李子坝
朝天门码头

019

重庆小面
家乡的味道

提到重庆美食，很多人第一个想到的是火锅，其实重庆人对小面的感情丝毫不逊于他们对火锅的感情。

在重庆，很多人的一天，都是从一碗小面开始的。而早餐吃一碗小面是最贴近老重庆的方式。作家曾磊曾这样描写重庆的早晨：随手一抓，一把水面，几根青菜，三两分钟煮毕，五六分钟下肚，小面之小，莫过于此。其实，重庆人在这最简单的面点烹饪上费尽了心思。重庆每家面馆几乎都有自己的绝招，或是在水面的硬度上，或是在辣椒的烘焙上，或是在荤素油的配比上……只有重庆人才能分辨出其中的差别。

小面的小，不仅仅意味着简单，更代表着重庆人轻巧的生活态度。每天早晨，在重庆大街小巷的面馆里，男女老少，无论身份地位是富贵还是普通，都会不拘小节，对着一碗面，大快朵颐。那种举重若轻、看淡一切的豁达从中氤氲开来，是生活最本真的一面。

重庆人对于小面的感情，是缠绵悱恻的眷恋，是难舍难分的情结。从外地出差回来，第一件事就是来上一碗小面。诚然，对于漂泊他乡的重庆人来说，小面就是故乡，就是乡愁，一个小面碗，装的不仅是二两面，还有家乡的味道与回忆。

读懂重庆 |

山城重庆
颠覆你的常识

重庆依山而建,是个名副其实的山城。第一次来这里的游人对重庆的记忆基本都是十分有趣的印象。

"我在路边摊吃面,怎么坐都感觉是歪着的。"

"从此以后,只要在重庆,就再也不相信地图。"

"本以为出错地铁口没什么关系,多走几步就是了,结果一个地铁口在另一个地铁口上面5层楼的地方,根本走不过去。"

"第一次去重庆,某同学看着远处说,现在有人放孔明灯,就不怕火灾?还都是一对对地放。后来才发现,这是几辆汽车在走!你可以想象一下,看着天上的孔明灯,后来发现居然是车灯,是什么感受。"

对于这些现象,重庆人早已淡然接受,他们有着"身在此山中"的浑然不觉。其实,"山城"之号真正叫响,是在抗战时期。家国危难之际,外省来渝人口激增,见惯江南低缓丘陵、华北辽阔平原的外乡人,对于依山筑城的重庆,印象颇为深刻,也有几分的不适应和紧张,自然而然,便以"山城"代指重庆,后逐渐被本地人接受。

因为重庆城依山就势,整个城市和街道方位都不正,不好用东南西北定向。去问路时,当地人一般都不说东西南北,而是告诉你上下左右。重庆人按照山脊大梁子,把全城分为上半城、下半城。连接上下半城的一个重要通道就是十八梯。

若想要领略真山城、老重庆,十八梯是最好的教科书,这里是老重庆的生活缩影,有最接地气的老城风貌。老街道周围居住着大量普通老百姓,一片片的吊脚楼,再加上街上散发着浓浓的市井气息。如今十八梯经过施工改造,打造出南北风貌景观带和东西旅游拓展带以供游人参观。

021

吊脚楼
重庆独特的传统民居

重庆两江环抱，由于地势的缘故，所有的建筑都需沿着山坡依次建造。说到重庆人的"房"，就不能不说闻名遐迩的特色建筑——吊脚楼。

吊脚楼，为部分少数民族传统民居，在渝东南地区分布广泛，它们多依山靠河就势而建，呈虎坐形，属于半干栏式建筑。

吊脚楼作为重庆地区独特的传统民居形式，最早可追溯到东汉以前。目前，重庆市内保留的吊脚楼民居群，多数修建于20世纪三四十年代以后。

依山的吊脚楼，在平地上用木柱撑起，分上下两层，节约土地，造价较廉。

楼体上层通风、干燥、防潮，是居室；下层关牲口或用来堆放杂物。

吊脚楼有着鲜明的民族特色，优雅的"丝檐"和宽绰的"走栏"使吊脚楼自成一格。

楼上有绕楼的曲廊，曲廊上配有栏杆。

房屋规模一般人家为一栋4排扇3间屋或6排扇5间屋，中等人家5柱2骑、5柱4骑，大户人家则7柱4骑、四合天井大院。

除了屋顶盖瓦以外，楼体上上下下全部用杉木建造，屋柱用大杉木凿眼，柱与柱之间用大小不一的杉木斜穿直套连在一起，不用一个铁钉也十分坚固。

正屋一般建在实地上，厢房一边靠在实地和正房相连，其余三边皆悬空靠柱子支撑。

读懂重庆 |

棒棒军
重庆独有的精神力量

　　在重庆，棒棒军和火锅店一样随处可见。由于他们常常穿行游走在山城，爬坡上坎，由此形成了一道浩浩荡荡的城市人文景观——棒棒军，即使在全世界的都市中也是独一无二的。

　　棒棒军是重庆人对搬运工人的一种形象称呼，因其工具只有一根竹棒、两条绳子而得名。重庆地处长江和嘉陵江交汇处，依山而建，素有"山城"之称。因为山城这种"爬坡上坎"的特殊地理结构，许多地方坡陡路窄汽车无法到达，搬运大件货物对于普通人来说是件不小的挑战，所以棒棒军应运而生。

　　20世纪90年代是棒棒军的"黄金时代"，棒棒军的人数一度达到40万，但随着物流、配送、快递等服务行业不断兴起，城市轨道交通也越来越发达，孕育棒棒军的土壤正在变得日益贫瘠，棒棒军的人数在急剧减少。

　　棒棒军作为顽强乐观、吃苦耐劳的社会群体，已经成为山城独有的精神力量。有人这样评价重庆棒棒军：凭借一根棒棒谋求全家生活，这是一种地位不高但是极有骨气的生存方式，是那些憨厚老实的农民兄弟不甘贫穷的一种积极态度。

　　棒棒军们靠着一根扁担，一双肩膀，穿街走巷，爬坡上坎，在肩挑背磨中创造着自己的生活。

023

码头
重庆发展的见证者

重庆是一座举世闻名的山城，更是一座水码头。长江、嘉陵江两江交汇处的朝天门码头水深浪平，是天然港口。

曾经，重庆码头很热闹。江边停满各种各样的船舶，樯桅如林、船篷相连，里三层外三层的，把江河都塞满了。岸边是各种各样的街市，店铺相依、人来人往，把那青石板小路磨得光润发亮，那时这里日日都是赶场天，天天都是庙会节。天还未亮，码头上就油灯闪闪，炊烟缭绕，卖早餐的就开始呐喊叫卖。到深夜了，那小街上的酒馆、茶馆还灯影闪烁，招徕着南来北往的行人，久久平息不下来。码头就像重庆城的嘴，不停地吞吐着，重庆城也就在这样的吞吐中发展起来。

提到码头就不得不提朝天门，它在重庆码头文化乃至整个城市文化中占据着极其重要的地位。朝天门得名于明代，自重庆开埠不久，英商太古洋行便以民船装载黄丝、白蜡出口，从朝天门顺江而下，为重庆出口的第一号挂旗船。之后，外商争相在朝天门码头与太平门码头之间的港区一带设立洋行、公司、药房、酒店，从此，朝天门码头周边，水运繁忙，上下重庆的往来船只穿梭如织，这里成为历史上长江上游和西南地区最重要的货物集散地。

重庆最著名的火锅就源于朝天门一带，当时的码头工人冬天为了驱寒，在锅里放入动物内脏或头、蹄，再加以辣椒、老姜煮而食之，后来发展为重庆火锅的雏形：毛肚火锅。这种昔日难登大雅之堂的民间食物，发展成现在风靡全球的美食，颇有沧海桑田之感，同时也见证了重庆天翻地覆的变化。

重庆码头见证了重庆一步步的发展轨迹，如今，它们虽已没有曾经的热闹，但也正各自肩负新的历史使命，走向多元化。

川江号子
一鼓作气的民间音乐

川江号子是川江流域的船工们为统一动作和节奏，由号工领唱，众船工帮腔、合唱的一种一领众和式的汉族民间歌唱形式。重庆和四川东部是川江号子的主要发源地和传承地。

川江号子主要流传于金沙江、长江及其支流岷江、沱江、嘉陵江、乌江和大宁河等流域。这一带航道曲折，山势险峻，水急滩多，全程水位落差较大，特别是从险要的三峡出川，船工们举步维艰，川江号子正是在这种特殊的地理环境下应运而生的。

新中国成立后，川江航运不断蓬勃发展，曾经在险滩与急流抗争的纤夫和川江号子几乎已经成为人们的回忆。作为国家级非物质文化遗产之一，川江号子得到了国家和地方的高度重视和保护。如通过举办培训班、演出活动等方式，来培养新的传承人和推广川江号子。

近年来，川江号子逐渐登上舞台，以新的音乐形式和内容，得到了发展和传承。2025年，川江号子作为非遗项目参与中央电视台《2025年非遗晚会》的演出。

基本信息

中文名称：川江号子
遗产类别：传统音乐
所在地区：重庆市、四川省
遗产级别：国家级

代表作品

川江号子内容丰富多彩，代表曲目有《十八扯》《八郎回营》《桂姐修书》《魁星楼》《拉纤号子》《捉缆号子》《橹号子》《招架号子》《大斑鸠》《小斑鸠》《懒龙号子》《立桅号子》《逆水数板号子》等。

号子特点

号子头根据江河的水势水性不同、明滩暗礁对行船存在的危险性、摇橹扳桡的劳动节奏等，编创出一些不同节奏、不同音调、不同情绪的号子。

抗战陪都
壮阔历史的记忆

　　1937年11月，随着抗战形势的发展，国民政府决定从南京迁到重庆，并于1940年9月正式确认重庆为战时陪都，直到1945年抗战结束。当时的重庆是国民政府的战时首都。

　　太平洋战争爆发后，1942年1月21日，同盟国中国战区统帅部在重庆成立，负责指挥中国、越南、缅甸、马来西亚等国的同盟军作战。抗战期间，苏、美、英等30多个国家在重庆设有大使馆，40多个国家和地区设有外事机构，并建立反法西斯战争的各种国际性组织和中外文化协会，使重庆成为有国际影响的重要城市。

　　抗战时期的重庆是国共合作和抗日民族统一战线的重要政治舞台。陪都抗战遗迹成为重庆今天独特的人文景观。

　　据资料记载，重庆共有抗战遗址767处，目前保存下来的有395处，这些抗战遗址见证了历史，展示了中华民族的气节。解放碑、抗战遗址博物馆、大轰炸惨案遗址、国民参政会旧址、保卫中国同盟总部旧址等都是我们重温抗战历史的好去处。

读懂重庆

三峡移民
挥别家园为国家

　　三峡工程，是在长江中上游段建设的大型水利枢纽工程。按照设计，水库建成后蓄水位高达175米，这使得重庆直辖市和湖北省沿长江流域受到库区水位不同程度的淹没，因此才有了工程浩大的三峡移民。

　　1993年2月，三峡工程前期最大的工程项目——茅坪溪泄水防护工程开始施工。地处三峡大坝右岸的秭归县茅坪镇三溪村、茅坪村、中堡岛村等村三峡移民开始搬迁，以此为标志，拉开了三峡百万大移民的序幕。

　　到2004年10月，三峡库区百万移民搬迁全部结束。其中，绝大部分移民采取就地后靠，原址整体向上迁移的方式。但也有约16.6万三峡库区移民离开故土外迁安置到上海、浙江、江苏、广东、福建、江西、安徽、湖北、湖南、四川、山东这11个省市。

　　背井离乡，情非所愿，其中的苦辣酸甜、离愁别绪，不是当事人，难以理解三峡库区移民那份复杂的情怀。回得去的是家乡，回不去的是故乡，百万移民从生活的故土分散到各地，在那些环境迥异、语言不通的地方开始他们的新生活。

　　如今，很多移民都已融入当地的生活，但也有许多三峡外迁移民，在新居待了一段时间后，又返回到故乡。但是原来的老屋已经淹没在水底，他们只能在附近租房、打工，成为外来的当地人，这不是无奈两个字能概括得了的。作为普通人，当我们在分享三峡移民带给我们的感动时，记得献上我们的敬意。

027

第1章
中心城区

解放碑商业区

重庆人民大礼堂

朝天门

洪崖洞

湖广会馆

歌乐山

红岩革命纪念馆

解放碑商业区
重庆的标志性建筑物

微印象

@卖萌的兔子 人未到，名已远，导游和当地市民都说，没有来过解放碑就等于没到过重庆，所以说这是必须去的地标。

@夜未央 重庆的一大地标，步行街上，拍照的人很多，到过解放碑算来过重庆了。周边是时代广场、太平洋百货等，一个个大屏幕衬托着解放碑显得格外耀眼。碑下一圈人坐着休息。碑上的钟是劳力士的，看着不错！晚上会更好看。

门票和开放时间
门票：免费。
开放时间：全天开放。

进入景区交通
位置：重庆市渝中区解放碑周边区域。
交通：乘轨道交通2号线到临江门站可到。

景点星级
休闲★★★★★　人文★★★★★　特色★★★★　美丽★★★　浪漫★★　刺激★

中心城区

要说山城重庆的标志性建筑物当然非解放碑莫属，这座建于1940年的丰碑见证了重庆近代史的变迁，被誉为重庆的"精神堡垒"。重庆市渝中区的商业以此处为中心，周围商场、书店、影剧院、酒吧、酒店、饭店等鳞次栉比，一应俱全，附近300米处有市内最大的小吃街，游客可在此体会巴渝风物人情，品尝地方名特小吃，还可购买纪念品和其他物品。解放碑商业街是中国西部最大的步行街，因此有"中国西部第一街"之称。如今，解放碑通常指的是解放碑中央商务区。

❶ 解放碑

解放碑是重庆的标志建筑物之一，位于重庆市渝中区商业区中心部位，民族路、民权路、邹容路交会的十字路口处。该碑最初筹建于1940年3月12日孙中山先生逝世纪念日。抗战胜利后改名为"抗战胜利纪功碑"。1950年改为"人民解放纪念碑"。

解放初期，解放碑曾为重庆市内高耸的建筑物之一，但现在四周高楼大厦林立，该碑的碑体高度已显得十分矮小，但是其知名度与地位在重庆毋庸置疑，仍是这座城市的主要地标之一。

点赞 👍 @一朵茉莉花 重庆的地标性景点，周边是商业区、步行街、好吃街，相当繁华，是来重庆旅游的必到之处。到了夜晚，这里灯火通明，十分好看！

攻略

重庆的夏天极长，从5月到10月，一年大半的日子，解放碑那些现代主义的高楼都在阳光下浮动光色。这条光影交错的时尚大街上，随时可遇见姿态婀娜、美丽时尚的重庆女子。

解放碑既时尚亦有层次。转个街角，你就可以在路边小店找到麻辣抄手、麻辣烫等传统小吃；到了夜晚，在解放碑不夜城的酒吧中，会让你感受到山城的热度。

031

Follow Me 重庆深度游

❷ 重庆时代广场

　　重庆时代广场是香港九龙仓旗下的百货商场，前身为美美百货，也就是铜锣湾时代广场的重庆店。这里汇集了众多国际一线大牌，是目前重庆的高端商场。

　　这里的LV店，里面的音乐阶梯，每走一个台阶会发出音乐声。轨道交通2号线直通商场的LG层，交通非常便利。商场配套的星巴克，很有情调，顶层几家餐饮也很有特色，最典型的有金翠河烧鹅餐厅、潮汕风味的朕之味等，这里的装修非常豪华，夜景也很漂亮。

❸ 重百大楼

　　如果去购物逛街，重庆有诸多时尚商场可供选择，重百就是其中颇受青睐的商场之一。其实重百不仅是都市时尚现代生活的一处代表，还有着深厚的历史渊源，可以说是重庆这座城市半个多世纪以来发展的见证者。自1950年5月1日重庆百货成立起，几十年来，它提供着各样商品，也引领着生活时尚，在许多重庆人脑海中留下了深刻的印记。

解放碑商业区示意图

王府井百货
重庆环球金融中心 ❺
纽约·纽约大厦
PARK108 国泰优活城市广场 ❹
大都会广场
❷ 重庆时代广场
步行街
金鹰财富中心
❶ 解放碑
步行街　　步行街
重百大楼 ❸
商业大厦　渝都大酒店
步行街
至能仁寺、日月光中心广场

032

中心城区

点赞　👍 @没事就去旅游 重百大楼是一家老商场了，在重庆一提到它基本上都知道这里，这里不仅交通便利，客流量也挺大，服务也不错，里面卖的东西也比较齐全。

❹ PARK108国泰优活城市广场

　　国泰优活城市广场就是以前的解放碑国泰商场，就在解放碑临江门，离洪崖洞很近，乘坐轨道交通2号线前往是最佳的交通方式。底层还有停车场，交通十分便利。

　　商场装修风格比较中规中矩，吃喝玩乐购都能满足。这里既有西南地区规模较大的Apple Store，也有哈根达斯西南区首家SUSHI Touch概念形象店。此外，商场上面有一个滑板广场，吸引了众多滑板爱好者汇聚于此，如今这里已成为重庆潮流的新地标。

❺ 重庆环球金融中心

　　重庆环球金融中心位于渝中区民族路188号，是解放碑"十字金街"核心，建筑总高339米。

　　重庆环球金融中心共78层（地下6层，地上72层），集环球购物中心（WFC Mall）、英国皇室私人定制式酒店、国际超甲级写字楼于一体。其中地下一层至8层为融高端购物、餐饮与休闲为一体的国际名品购物中心，总面积约3.735万平方米。此外，楼顶有被喻为"解放碑之巅"的皇冠明珠平台，可360度无死角一览重庆美景。

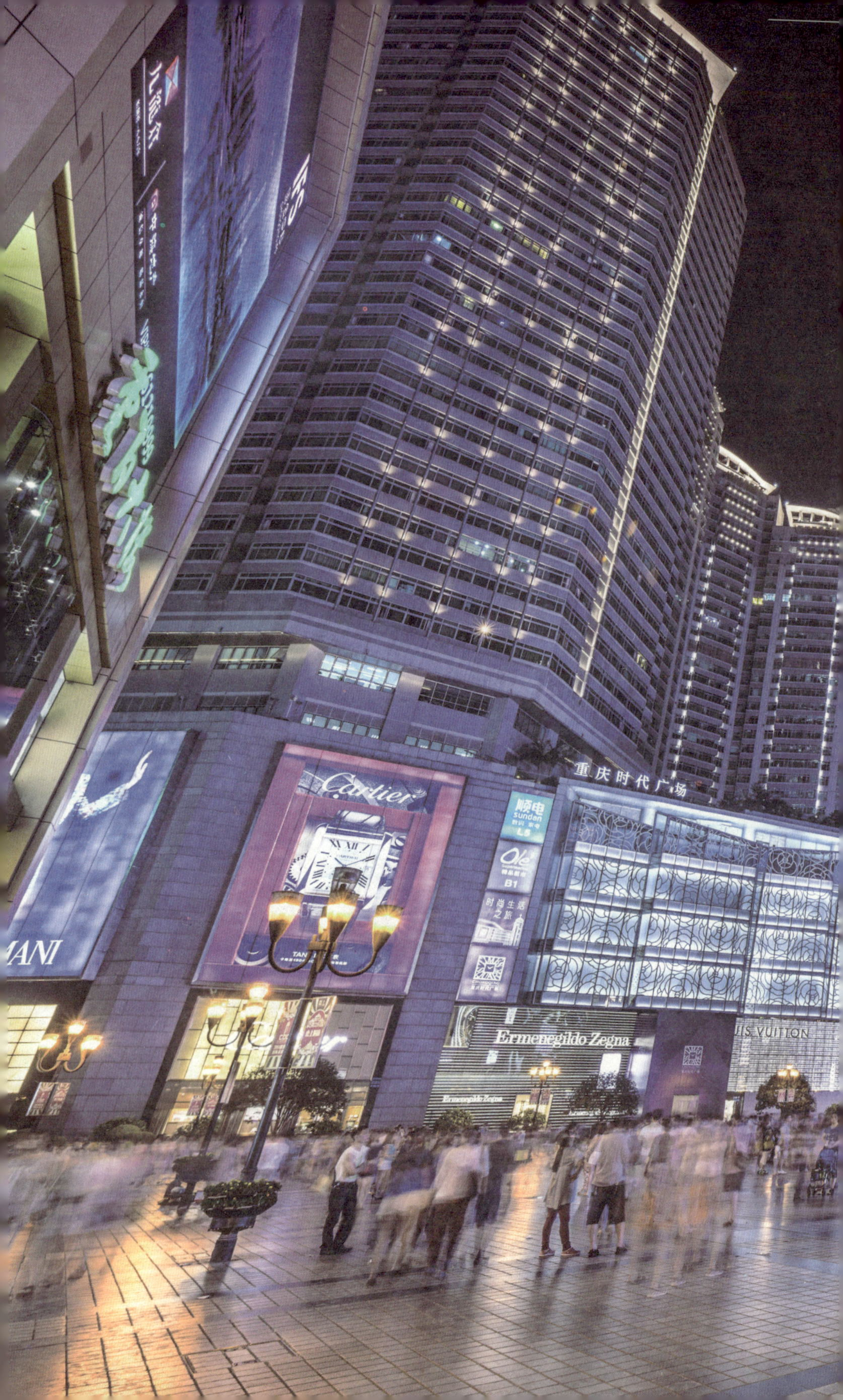

重庆时代广场
Cartier
Ermenegildo Zegna
UIS VUITTON
MANI

夜晚的解放碑商业街繁华璀璨,是感受重庆夜生活的好去处。

Follow Me 重庆深度游

❻ 能仁寺

能仁寺位于渝中区中华路92号，是重庆闹市区中唯一的尼姑寺庙，原名"三教堂"，古时为海云寺，创建年代已不可考。

进入能仁寺，左边第一重佛殿是观音殿，供奉观音菩萨，而观音殿左边的小偏殿供奉的是弥勒菩萨。观音殿后面第二重佛殿就是大雄宝殿，供奉的是释迦牟尼佛和普贤文殊菩萨。能仁寺很小，在周围高楼大厦的包围下，显得很不起眼，但有一种大隐隐于市的闲适从容的风范。

> **点赞** 👍 @一缕茶香 那天要不是因为40℃的高温，想少晒点太阳去穿小巷子，我可能一辈子也不会发现，在这圈高楼林立之间，如此静静地安坐着一个它——能仁寺。也许只有在最为喧嚣的地段，不闻世俗繁杂，才能做到心灵上的物我两忘吧。

专题　渝中区老建筑

渝中区解放碑商圈是重庆最繁华的区域。在繁华的后面，现在还留存了一些20世纪30年代以及陪都时期的老建筑。这些老建筑，随着时间的推移，在大规模城市拆迁改造之后，就更加弥足珍贵。当你仰头同时看见陈旧的老建筑和它后面高大亮丽的新式建筑时，那种时代的反差，尤其明显。

近年来，重庆市对老建筑的做法引起一些讨论，一些老建筑命运堪忧。

民生路：这是一条不起眼的小巷，巷内卖着简易的餐饮。小巷里面是民生路小学的后门，院落里围着几幢老建筑。例如民生路99号，就是20世纪30年代的砖瓦建筑；民生路101号老建筑——柏庐，据说与能仁寺有关系，现已无从考证；民生路105号，据说类似于南岸黄家巷42号的黄锡滋公馆。

范绍增公馆旧址：在解放碑不远的老巷子自力巷的23号，是一幢砖石结构的三层一底的老房子。这幢房子在全民族抗战时期，是范绍增在重庆闹市中心的公馆，修建于20世纪30年代。总体上，保存还算完善，石头上雕刻的石花还清晰可见。但是随着城市近来快速地改造，挖掘机已经迫近了它的墙下。

道冠井9号：这是由5栋老建筑围成的一个院落，这些建筑建于20世纪30年代。各幢建筑均为二层楼房，灰砖黑瓦，中西合璧式样。由于年久失修，已经破烂不堪，环境也不太好，亟待维修。它的街对面，就是范绍增公馆旧址。

036

中心城区

攻 略

住宿　驴友力荐的住宿地

解放碑商业区酒店林立，主干道青年路、民族路、五一路、邹容路上都有许多星级酒店。不过这些占据地利之便的酒店价格也相对较高。想住经济点的客房，不妨在临江门、筷子街、新民街等周边路段搜寻。

美食　饕餮一族新发现

位于解放碑中心地带的"八一路"是重庆最负盛名的"好吃街"。酸辣粉、凉面、担担面、龙抄手等各式各样的重庆小吃都能在这里找到。

娱乐　城市魅力深体验

解放碑附近的得意世界、南滨路酒吧街等是重庆夜生活的最佳去处。

得意世界聚集了众多的歌城、会所、酒吧等时尚娱乐场所，以及众多西餐厅、茶楼。名气较大的酒吧包括SOHO（苏荷酒吧）、回归、棉花、赫本酒吧·clubhebe等。其中以SOHO生意最好，周末节假日很早就没位置了，要去的话最好提前预订，但费用较贵，游客可根据实际情况选择消费。

重庆市人民大礼堂

仿古民族建筑群

微印象

@北漂的人 很庄重宏伟的建筑造型，到晚上又会有很多人来这里跳舞，感觉这种融合特别好，到重庆来的话一定要来看看，地标性建筑，很多重要的会议都是在这儿召开。

@丁香花 这是一座仿天坛的建筑，屋顶金碧辉煌，据说当初是用纯金打造的金箔贴上去的。平常也有很多商业演出，记得第一次来这里，是来听交响乐。

门票和开放时间
门票：8元，但需提前在网上预约；中国三峡博物馆免费。
开放时间：8:00~18:00。

进入景区交通
位置：重庆市渝中区人民路173号。
交通：乘坐轨道交通2号线在大溪沟站下车，步行前往。

景点星级
特色★★★★★　人文★★★★★　休闲★★★★　美丽★★★　浪漫★★　刺激★

中心城区

　　重庆市人民大礼堂是一座精美奇巧的东方式仿古建筑，它始建于20世纪50年代，原名"西南行政委员会大礼堂"，1956年更名为"重庆市人民大礼堂"，是重庆市重要的标志性建筑之一，也曾是新中国的十大建筑之一。它在1987年英国皇家建筑师学会主编的《比较建筑史》一书收录的我国当代42项建筑工程中名列第二位，是新中国建筑初期复古主义的典型作品。

　　现在的重庆市人民大礼堂由牌坊、中心礼堂、南楼、北楼、东楼及人民广场组成。

❶ 牌坊

　　来到重庆人民大礼堂，首先映入眼帘的是一座古香古色、气宇不凡的牌坊。上书八个金光灿灿的大字：重庆市人民大礼堂。牌坊四列三跨，具有典型的明、清建筑风格。它采用钢筋混凝土结构的仿木建筑形式，飞檐翘角，古朴典雅。

❷ 中心礼堂

　　穿过牌坊就是宏伟的中心礼堂了。128级台阶，一共三层，由下至上，恰当地烘托出整个建筑的立体美感。

　　重庆市人民大礼堂于1951年动工，1954年竣工。中心礼堂的设计，仿明、清的宫殿形式，采用轴向对称的传统手法，结构匀称，对比强烈，布局严谨，古雅明快。主体部分的穹庐金顶，脱胎于北京天坛的皇穹宇，仿天坛有祷祝"国泰民安"之意。正中的圆柱望楼，是北京天安门的缩影；南北两翼，镶嵌着类似北京紫禁城四角的塔楼；广袤的庭院中，前阶宽阔平展，梯次六重。大礼堂现在是供游人参观、休息和举办节庆集会的重要景点和场所。

Follow Me 重庆深度游

❸ 南、北翼楼

重庆市人民大礼堂的南、北翼楼，为柱廊式坡屋顶，首尾4个角楼均为重檐攒尖，既对比又协调。色彩的使用强烈大胆，鲜艳夺目，富于变化又和谐统一。整个建筑在造型、装修和色彩处理上都集中体现了中国传统文化特色。

重庆市人民大礼堂示意图

- 1 至中国三峡博物馆
- 4 牌坊 / 人民广场
- 顺水鱼馆
- 2 中心礼堂
- 3 北翼楼
- 3 南翼楼
- 5 三峡古玩城
- 泰古艺术长廊

❹ 人民广场

人民广场于1997年和重庆直辖市一起诞生，广场面积约为24万平方米，这在山城重庆算得上是一块很大的平地了。广场中央铺设花岗石，北侧建有一座直径28米的圆形露天舞台，主要用于周末广场文艺演出。广场正面四座大型音乐喷泉，具有任意定格和变幻水姿、水型的功能。广场种植了多种花草，绿化面积达18万平方米。1000平方米的小广场喂养了数百只供群众观赏的广场鸽。

中心城区

人民广场建成后，每周末都会在此举行"重庆市周末广场文艺活动"。而每天早晨也有数百名市民在此锻炼，傍晚数千名市民在此跳舞、休闲。此外还有许多单位和组织在此举行各种集合活动。现在，人民广场已成重庆市一个重要的市政文化休闲广场。

点赞

👍 @一捧雪 重庆非常有名的景点，白天能看到很多外国游客在重庆人民广场拍照欣赏，到了晚上，这里的灯光特别绚丽，还能看到不少市民在广场跳舞。对了，广场旁边就是个大商业街，这里有各种饭店、小吃店，主要经营重庆特色小吃，吃饭非常方便。

❺ 三峡古玩城

三峡古玩城也叫泰古广场，紧邻重庆市人民大礼堂，集古玩交易、展示、交流、拍卖和估价于一体，是一家正规、专业的古玩交易市场。

古玩城经营范围很广，有字画、钱币、邮票、珠宝、翠钻、刺绣、骨雕、奇石、金银铜器、陶瓷器具、古旧家具、古籍善本、仿古家具等，是收藏者和爱好者文化寻觅、财富收藏的首选之地。

小贴士

1. 逛完重庆市人民大礼堂可以顺道过来逛逛，古玩城内东西很多，各色的古玩、珍藏应有尽有，很有意思。不过若不是行家，建议不要轻易购买。

2. 古玩城附近还有泰古艺术长廊，是一条古玩收藏交易的特色长廊，也可顺道去逛逛。

❻ 重庆中国三峡博物馆

重庆中国三峡博物馆（重庆博物馆）位于重庆人民广场西侧，前身是1951年3月成立的西南博物院，1955年6月因西南大区撤销，更名为重庆市博物馆，2000年改为重庆中国三峡博物馆。它是保护、研究、展示重庆和三峡地区历史文化遗产与人类环境物证的公益性文化教育机构。

这座气势恢宏、内涵深邃的博物殿堂，在建筑设计上也充分展示了与历史文化元素的完美融合。弧形外墙和对面大礼堂的圆形传统建筑，形成一种向心力的呼应和整体吻合：弧线代表着水利大坝，而圆形代表着古建筑的文化特征。

全馆有各类文物11.5万余件套，包括陶器、瓷器、铜器、玉器和书画等23个文物门类，共计4层楼15个展厅（其中有3个展厅不是固定的展品），还有1个文物商店和环幕电影放映厅，是中外游客到访重庆的必游景观。

攻略

1. 博物馆周一闭馆，游客应根据自身情况安排调整行程；

2. 若是相关知识未充分准备，可在博物馆一楼讲解联系服务处租用语音导览设备，提供中、俄、英、法、日、韩六种语言服务；

3. "大三峡环幕数码电影"由中央电视台和中央新闻电影制片厂拍摄，它以高科技电影手段反映库区蓄水前三峡的自然风光、人文风情，是对三峡工程前的三峡风貌的永久纪念。

041

朝天门
长江上游的黄金水岸

微印象

@安妮 坐在江边的石阶上，望着缓缓流过的江水，身后城市的喧嚣声随着迎面吹来的风飘向远方，一切仿佛与我无关。凝望远方，可以肆无忌惮地思考。

@流浪的人 重庆的地标，旅游必去的景点，无论白天、晚上，景色都很美。

门票和开放时间

门票：免费。重庆市规划展览馆免费向社会公众开放。

开放时间：全天开放。重庆市规划展览馆每周二至周日9:00~17:00（16:30停止入场，周一闭馆）。

进入景区交通

位置：重庆渝中区渝中半岛的嘉陵江与长江交汇处。

交通：可乘坐轨道交通1号线到小什字站下车，步行可到。

景点星级

特色★★★★★　　人文★★★★★　　休闲★★★★　　美丽★★★★　　浪漫★★　　刺激★

中心城区

朝天门位于重庆城东北长江、嘉陵江交汇处，明初戴鼎扩建重庆旧城，按九宫八卦之数造城门17座，其中规模最大的一座城门即朝天门。门上原书四个大字"古渝雄关"。因朝天门为历代官员接皇帝圣旨的地方，故此而得名。

1891年重庆辟为商埠，朝天门始设海关。1927年因修建朝天门码头，将旧城门拆除。1949年"九二"火灾使朝天门附近2000米的区域化为一片废墟，从此，朝天门仅余城基墙垣。今天的朝天门客运码头，新建宏伟的朝天门广场，是俯瞰两江汇流、纵览沿江风光的绝佳去处。

❶ 朝天门广场

朝天门广场位于重庆市朝天门码头旁，由观景广场、护岸梯道、交通广场、周边环境配套4个局部构成，是一处面积达8万平方米的多层广场，可停泊270辆车。

观景广场的主体建造面积6万平方米，高21.8米，逐层跌落，共4层。层顶广场面积1.7万平方米，是中国最大的层顶公共广场。广场最基层有一大两小3个"城门洞"，可直通朝天门观景广场顶层。排护岸梯道，长为700米，有128梯，由8万块混凝土砖铺砌，全副梯道呈环江扇形，与广场互相陪衬，显得极有气派。

攻略

朝天门广场是俯瞰两江汇流、纵览滨江风景的绝佳去处。每当时夏仲秋，碧绿的嘉陵江水与褐黄色的长江水激流撞击，漩涡滚滚，清浊鲜明，构成"夹马水"景色，其势如野马分鬃，极其壮观。

❷ 朝天门码头

朝天门地处黄金水道要冲，为重庆主要的交通枢纽之一。1949年后，码头一再扩建，沿两江纵深排开。客运大楼拔地而起，客货缆车分道直通江边。两江索道，凌空飞渡，左右穿梭；江面客船货轮，

043

Follow Me 重庆深度游

铁驳木舟，鳞次栉比，此静彼动。重庆的繁荣昌盛，在一定程度上，集中表现在水上门户——朝天门。

朝天门码头是两江枢纽，也是重庆最大的水码头，自古江面樯帆林立，舟楫穿梭，江边码头密布，人行如蚁。门外沿两边江岸有不少街巷，虽以棚户、吊脚楼居多，可也热闹成市，商业繁盛，门内则街巷棋布，交通四达。所以直到今天，这一带仍是城内最繁华的商业批发零售区。

攻略

夜游：在游船上观赏重庆夜景，迎着习习江风，举目远望，长滨路、嘉滨路如绚丽的腰带缭绕着城区，色彩斑斓的灯光倒映在江中，流光溢彩，沿江四岸的万家灯火同繁星交相辉映，高低不同的建筑在灯光的照耀下错落有致，数十里的山城灯海一览无余。

朝天门码头游船在每天19:30~22:20期间轮流发船，平均每35分钟一班，登船实行实名制，取票时一定要带好有效身份证件。船票实行系列内游船通票，分为朝天系列（包括朝天皓月号、朝天门号、朝天宫号）、交运系列（包括交运明珠号、交运明月号和满江红号）、金碧系列（包括金碧皇宫号、金碧女王号），游览时长在45~60分钟。朝天系列和满江红号在朝天门7码头登船，金碧系列在朝天门9码头，想要乘坐哪个系列的船，只要在指定码头等待船上客即可。

❸ 重庆市规划展览馆

重庆市规划展览馆位于朝天门广场，通过高科技手段为重庆市民和外地游客展示重庆的过去、现在和未来，是国内目前最大规模的城市规划展览馆之一。

展览馆于2005年10月开馆运行，2015年进行了主展厅的全面更新，更新后的展览馆由原来的两层浓缩为一层，主展厅按照陈列分为序厅、主模型厅、五大功能区域发展战略厅、城镇体系厅、主城区厅、近期建设厅、内陆开放高地及两江新区厅、大都市区厅、渝东北厅、渝东南厅、历史文脉厅、美丽山水城市厅等12个展厅。

攻略

1. 义务讲解：展馆为观众提供每天四场义务讲解服务，时间为10:00、11:00、15:00、16:00。
2. 坐"单轨"体验驾驶员的视角：在展览馆内的地铁体验空间，有一节1:1的地铁车厢。以较场口地铁站为设计原型，当观众进入车厢，通过拼接屏，能通过驾驶员的视角，欣赏单轨2号线、3号线等线路的沿线风光。
3. 看三峡微电影：三峡微电影互动展区应用体感捕捉系统，观众只要将手掌轻轻靠近显示长江三峡景观的大屏幕，不同位置就会弹出与三峡有关的宣传片、纪录片、电影片段。
4. 美丽山水影像体验空间：在美丽山水城市厅，有一块长10米的荧幕，这里采用了实际造景与影片相结合的方式。在动态播放影片中，观众可参与挥手点亮溶洞、让桃花盛开、点亮孔明灯及两江夜色等体验。

❹ 重庆历史名人馆

重庆历史名人馆占地约1400平方米，基本陈列总标题为《巴渝水交响诗》，由三部分组成，内设《钓鱼城之战》全息影视播放厅和《抗战风云陪都记忆》资料播放厅等。馆内陈列了历史名人501名，通过雕塑、油画、版画、多媒体影视等多种艺术表现手法，生动形象地展现了各位名人的生平事迹及重庆市5000多年来的风云际会、历史变迁。

中心城区

❺ 朝天门长江大桥

　　重庆朝天门长江大桥位于长江与嘉陵江交汇处，虽名为"朝天门长江大桥"，但实际在距离朝天门还有1.7千米的溅澜溪青草坪。

　　大桥全长1741米，为公轨双层桥面，上层桥面为双向六车道，下层桥面中间为双线双向轨道交通，两侧为单向双车道汽车交通。大桥主跨552米，比世界著名拱桥澳大利亚悉尼海港大桥的主跨还要长。目前朝天门长江大桥已经成为重庆的新地标之一。

朝天门示意图

长江

至朝天门长江大桥

❷ 朝天门码头
❶ 朝天门广场
❹ 重庆历史名人馆
❸ 重庆市规划展览馆
金竹美食城

长江滨江路

陕西路

9号商务酒店

速8酒店

新华路

眼镜小面

时代天骄

乾亿众广场

临江洞子火灶老火锅

海韵大厦

长德新美商城

金海洋商城

朝东路

侯六妹酸辣粉

长江滨江路

长瑞路二层路

银星商城

平安商场

麻辣小面
天门商场

陕西路

海客饭会馆

金竹快捷酒店

朝东路

嘉陵江滨路

溅澜溪青草坪

东水门

045

Follow Me 重庆深度游

攻 略

美食 饕餮一族新发现

眼镜小面：在朝天门千厮门片区算是比较有名气的老面馆了。主要有小面、豌豆面、炸酱面、豌杂面、牛肉面和牛杂面。豌杂面和牛杂面是店内的招牌，非常推荐。

地址：渝中区朝千路15号。

超级李板凳面：名副其实的重庆小面，被誉为朝天门排名第一的面馆。店面很小，人多的时候连板凳都没有，只能坐在梯坎或者站在马路上吃。推荐豌杂面，足足的杂酱，配上煮得软糯的豌豆，麻辣鲜香，特别过瘾。

地址：渝中区朝千路41号。

九九豆花馆：这是一家开了三十多年的小馆。所有菜品都用同一个规格的土碗来盛，荤素都有，分量不算大，但价格实惠。招牌豆花，口感鲜嫩细腻，配上老板调制的佐料，非常下饭。其他菜品如茄子、黄豆烧肥肠等也很值得一试。

地址：渝中区新华路道门口9号附5号。

购物 又玩又买嗨翻天

朝天门服装市场：重庆朝天门批发市场位于重庆渝中区东南端长江和嘉陵江交汇处，形成上下五条街、东西七条巷，路、桥、楼相连的独具特色的大市场格局。

它是长江上游最大的日用工业品批发市场，批发市场的商品以中低档为主，市场经营体式格局由批零兼营逐步转变为以批发为主。

洪崖洞
大型都市休闲区

微印象

@小资女 洪崖洞可以看江景，还可以买到很多不错的东西。距离解放碑也非常近，交通十分方便。个人建议晚上的时候去玩，在晚上既可以在此地欣赏江边美丽夜景，又可以品美食，开心地购物。

@寂寞人生 到了重庆没去洪崖洞，那就不算到了重庆。和解放碑一样是重庆标志建筑，置身其中有穿越、玄幻之感，楼顶11楼出来还是大马路，一楼出去就是滨江路。

门票和开放时间
门票：免费，但需预约。
开放时间：9:00~23:00，洪崖洞开灯时间约为18:00~23:00。

进入景区交通
位置：重庆市渝中区沧白路，长江、嘉陵江两江交汇的滨江地带。
交通：乘轨道交通2号线到临江门站下或乘坐151、181、262、466、0491（夜间）路至洪崖洞。

景点星级
休闲★★★★★　特色★★★★★　人文★★★★　美丽★★★　浪漫★★　刺激★

Follow Me 重庆深度游

洪崖洞原名洪崖门，全称为洪崖洞民俗风貌区，共11层，以巴渝传统的"吊脚楼"为依托，融合了传统民俗文化和山地民居建筑文化，是时下重庆最火爆、最时尚、最具风情的都市休闲区。

洪崖洞以吊脚楼建筑群为主体，主要由纸盐河酒吧街、天成巷巴渝风情街、盛宴美食街、异域风情城市阳台等组成。夜幕降临后这里灯火通明，堪称山城一景，你可以"游吊脚群楼，观洪崖滴翠，逛山城老街，赏巴渝文化，烫山城火锅，看两江汇流，品天下美食，玩不夜风情"。

亲子研学

洪崖洞的构造、布局

耸立在重庆市嘉陵江畔的吊脚楼建筑群——洪崖洞，犹如一座高耸入云的巨型宝塔，高79米，下宽上窄，逐层收缩，总占地面积3万多平方米。它以重庆明清时代的吊脚楼为原型，依山就势，通过分层筑台、退台及吊脚楼架空的形式，营造一座具有浓厚巴渝民居特色的建筑群。

在这个11层高的吊脚楼群里，巴渝民俗文化无处不在：重庆旧时居民建筑主要有"三古""三街"。"三古"是在这个群楼内建造的古建筑、古民居、古设施；"三街"是展现老重庆的江边码头街、天成巷巴渝街、纸盐河畔街，漫步其间，可看见一处处的老城墙、小青瓦、石板、木雕门窗。这里集中体现了独特的重庆建筑风貌和厚重的历史文化。

❶ 异域风情城市阳台

这里作为重庆最大的一个城市交通转换站而备受世人注目，这里的房子很像日本动漫大师宫崎骏漫画《千与千寻》里的风格，让人好像漫步在童话里。洪崖洞城市阳台停车场可同时容纳30~40辆车的停放，需要游逛解放碑或停留在洪崖洞游玩的游客，则可乘坐扶梯或观光电梯直上解放碑或到达洪崖洞的任何一层楼。

❷ 纸盐河酒吧街

这里各种风格的酒吧可谓应有尽有，算是重庆年轻人的天堂，一向引领着重庆夜生活的新标向。

中心城区

站在江边，远处霓虹闪烁的千厮门大桥和隐约可见的游船在河面上呼应，无尽的夜色映入眼帘，美丽景色绝对让你流连忘返。

点赞 👍 @千年花 第一次去感觉很好，漂亮的夜色，酒吧里男男女女喝酒聊天，传来的阵阵欢笑声、歌声，夹杂外面商贩的叫卖声，声声入耳；灯光下，各种重庆小吃更显得美味。去了解放碑就要去洪崖洞。

❸ 盛宴美食街

位于洪崖洞的 5 到 8 层，在盛宴美食街里，什么都不用说了，带着肚子好好享用一番吧，这里展现的是一种"另类美食街"的盛景，一个集中外古今名店于一堂的美食盛景。山城火辣而独特的热情让你绝对拒绝不了。这里有酸辣清爽的酸辣粉、辛辣诱人的麻辣烫等当地特色，还可以吃到全国各地的美食小吃。

❹ 天成巷巴渝风情街

这里为世人展示的一种不同于以往的时尚潮流，以 2300 年前的巴渝盛景为载体，展示出当时盛行于世的青砖、石瓦、红檐绿瓦的古典民居，早已流传的前店后厂"民间工艺作品"也将现身于此。

049

Follow Me 重庆深度游

攻略

美食 饕餮一族新发现

洪崖洞的美食街很有名，你要是想尝尝重庆最具特色的代表小吃，那来这儿就对了，也许味道不是最好的，但一定是最齐全的。

室外一条小街是制作、销售地方特产的地方，比如花生糖、芝麻糖、凉粉、桃片、麻辣坚果、糍粑等，室内是一个个小门小户组成的大排档，空气中弥漫着重庆独特的麻辣香味儿。气味和吆喝声使得你的血液上涌，还未落座，已经热血沸腾，急不可耐。

江边的咖啡馆有露天也有室内的，露天有露天的开阔，室内也有室内的精致调调。

住宿 驴友力荐的住宿地

洪崖洞作为重庆的时尚高地，住宿方面也显得很多元化，非常符合年轻人要创意、追求新潮的个性。这里不仅有豪华的洪崖洞大酒店，还有各种青年旅舍和蜗居胶囊公寓，总之丰俭由人，每个人都能找到心仪的住处。

洪崖洞大酒店：位于景区里，一边靠江，一边靠崖，大堂在13层，一楼是景区，很有特色。房间的条件不错，也很大，设施齐全，靠近小天鹅火锅。

地址：渝中区沧白路56号洪崖洞风景区11楼。

不穿秋裤的艺术青年旅舍：就在小什字地铁站出口边，前面是一棵树观景台，后边是洪崖洞，左边是长江索道罗汉寺，右边是十八梯好吃街，位置十分方便。这是一家适合治愈孤单的青旅，老板经常组织大家一起玩游戏，还会提供详细的重庆游览攻略。

地址：渝中区公园路19号德艺大厦2356室。

娱乐 城市魅力深体验

街边广场艺人和酒吧演出：洪崖洞的周边每天都有各种各样的艺人在街边表演，他们来自世界各地，表演的形式也多种多样。通常他们都是自娱自乐，并不太关心观众的消费多少，完全沉浸在自己的世界里；在酒吧一条街上几乎每个酒吧都会有特色演出，观众可以尽情与之狂欢。

洪崖洞巴渝剧院：重庆首个具有国际领先水平的高科技梦幻剧院，可容纳800多人同时观看节目。舞台设施采用了目前国际上最为先进的设计，美国进口180万元一台的全彩激光电脑灯、七个升降平台、两个旋转车台、两个电脑水幕与声、光、画、映效果完美结合。拥有厚重历史文化的艺术剧目，让你聆听巴渝历史的心跳，触摸巴渝人的血脉与灵魂，一定会为你带来惊叹和梦幻般的艺术享受。

湖广会馆
全国城区最大的古会馆建筑群

微印象

@梧桐芭蕉叶 去的时候基本没人，好好游览了下，颇有历史风韵，房梁上的雕像很精美。

@巴拉巴拉 知名景点，湖南湖北人士为了增加蜀地人数而移民到此，两省人士为了相互联系而建立的同乡会馆。占地面积挺大的，想要逛完还真需要一点时间，游客很多。

门票和开放时间
门票：25元。
开放时间：9:00~18:00，17:00停止售票。

进入景区交通
位置：重庆市渝中区长滨路芭蕉园1号。
交通：乘坐轨道交通1号线或6号线到小什字站下车，步行可到。

景点星级
人文★★★★★　特色★★★★　休闲★★★　美丽★★　浪漫★★　刺激★

Follow Me 重庆深度游

　　湖广会馆是广东公所、齐安公所、禹王宫等清初古建筑群及仿古新建筑群的统称，是目前已知全国城市中心区最大的古会馆建筑群。会馆始建于清康熙年间，距今已有近300年历史。

亲子研学

会馆职能

　　作为具有地缘性质的帮会机构，会馆的主要职能是联络乡情，以壮乡威。所以，它既是同乡之人祭祀故地名神、演出故乡戏曲的聚会之所，又是同乡之人抵御外侮、互相帮扶的重要组织。

　　各会馆都立有章程，推举有财力权势的头面人物充当首事主持，除商业事务外，还进行一些社会活动。每月农历初一和十五是例行会务，逢年过节（端午、中秋、春节）要办会酒，祭祀神明和乡贤，举行宴会和演戏娱乐。各大会馆都设有神坛，除供奉招财进宝的赵公元帅和关圣帝君外，还各自供有自己的神灵，如福建会馆供的是妈祖，云贵会馆供的是南大将军。办会酒和祭神时，场面热闹异常，戏楼开演的连台戏要唱3至7天。

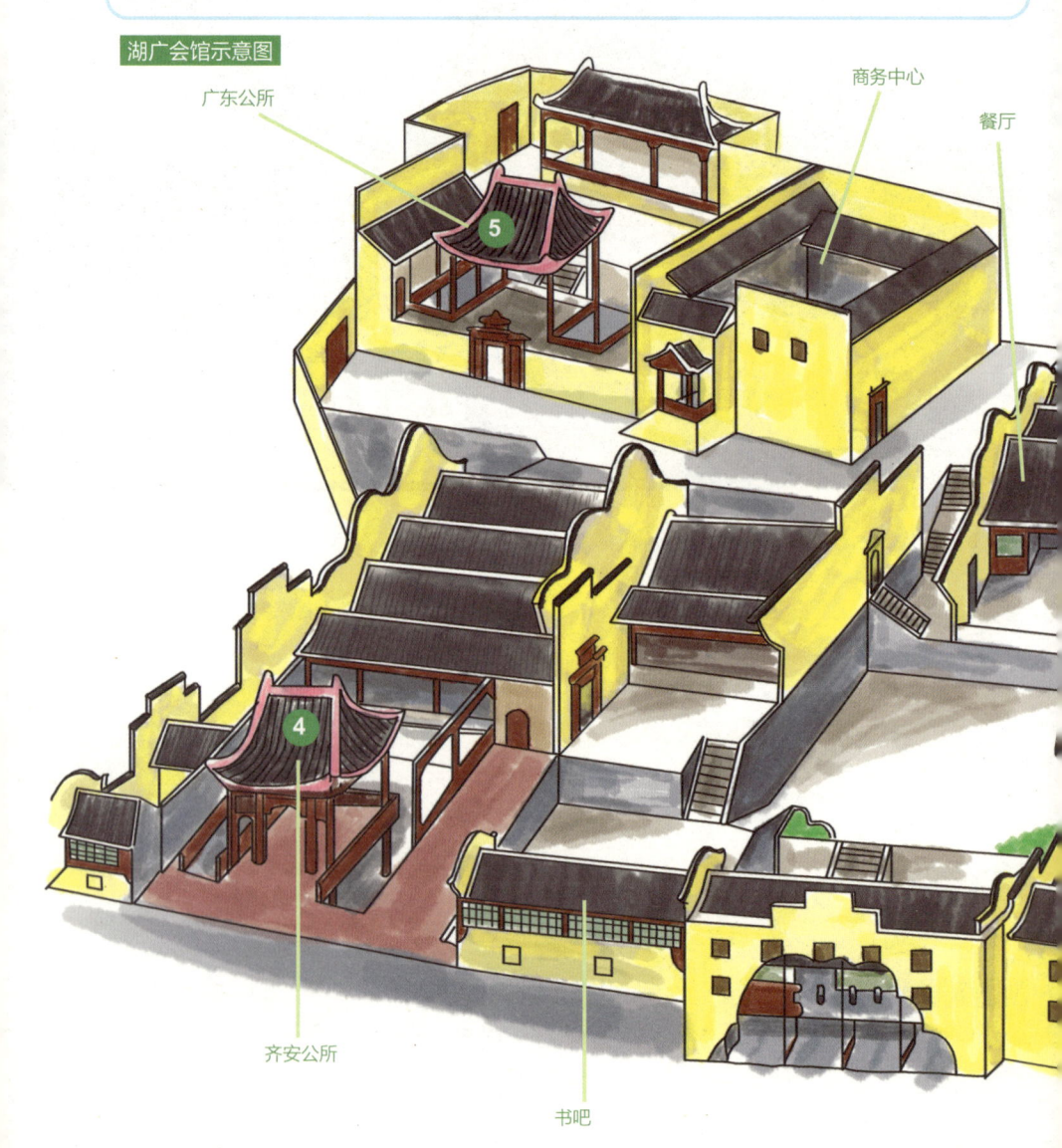

湖广会馆示意图

- 广东公所
- 商务中心
- 餐厅
- ⑤
- ④
- 齐安公所
- 书吧

中心城区

湖广会馆建筑规模宏大，布局错落有致，殿宇巍峨壮观，造型古朴典雅。湖广会馆是清代重庆作为繁华商埠的历史见证，也是清代前期到民国初年重庆的移民文化、商业文化和建筑文化的重要标志。

❶ 禹王宫

禹王宫始建于清康熙年间，包括禹王神殿、大小戏台、廊房、议事厅、会客厅几个部分，是重庆湖广会馆建筑群里最大的一处建筑，其面积约占全馆的三分之一。整个禹王宫雕梁画栋，涂朱鎏金，各种人物及花草虫鸟图案雕镂精湛，栩栩如生。

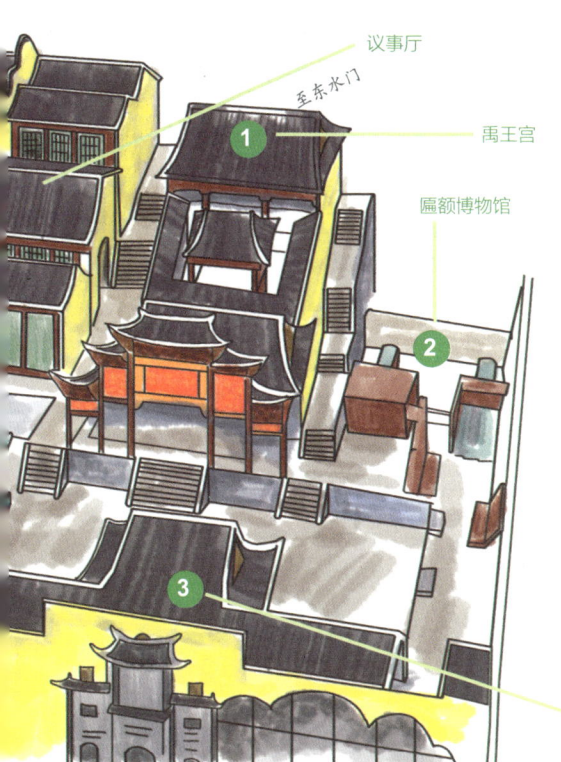

禹王殿：禹王殿为重檐歇山式，像是多面旗帜有序排列在一起，气势恢宏，大殿与广场之间是戏楼，粉壁彩屏，富丽堂皇。尤其是大殿和戏楼飞檐下的环楼木雕，雕刻着"二十四孝"以及《西游记》《封神榜》中的人物故事和山水花鸟，工艺精湛，刻镂逼真。

禹王像：大禹端坐在大殿正中央，雕像目光如电，相貌端庄，栩栩如生，前面供着香炉蜡烛，围栏上挂满红色幸运牌。大殿内悬匾额三块，中间题写"泽被九州"，两侧分别题写"星摇巴峡""江夏安流"。

议事厅
至东水门
1 禹王宫
匾额博物馆
2
3
移民博物馆

链接　禹王宫戏台

禹王宫里有三座戏台，两大一小，大殿对面的戏台用来给大禹神唱戏，其规格自然是最高的，也是最大的。大殿后面是二殿，天井里正对二殿的也是一座戏台。

观戏厅屋檐下又是描金的龙头斗拱。小戏台的木雕极为精美。禹王宫戏台厅上面探出的龙头，称为斗拱。禹王宫斗拱的龙头都朝着长江，寓意为大龙锁江。在戏楼上面栏板雕刻的是八仙图案，下方是十八罗汉，左右两边小的雕版是戏曲故事。

053

Follow Me 重庆深度游

❷ 匾额博物馆

　　匾额博物馆位于禹王宫大殿右侧的厢房，馆内匾额罗列，共展出巴蜀地区明、清、民国时期的69块匾额，每一块匾都有着一段耐人寻味的故事，按内容分为"褒绩、励学、题居、宏商、祝寿"五类。其中最古老的一块匾用"木中黄金"乌木制成，刻着"锦绣腾辉"四个金字，它出自明宣德年间，距今已有500多年历史。

❸ 移民博物馆

　　明清之交，战乱频频，巴蜀之地狼烟四起、灾害相继。连连混战，造成巴蜀之地人烟稀少，土地荒芜，一片惨景。清朝统一中国后，湖南、湖北、广东、广西人民入川。因此，"湖广填四川"百年移民潮就此拉开帷幕。今日移民博物馆内雕栏玉砌犹在，往事却已尘封于历史画卷之列，不禁让人感慨不已。

解说　湖广填四川

　　"湖广填四川"是指在明末清初的数十年间，由于战乱、瘟疫及天灾接踵而至，四川人口锐减，耕地荒芜。在这个特定的历史条件下，清王朝为了解决四川劳动力和生产粮食的问题，采取"移民垦荒"的举措，全国包括湖北、湖南在内的十余个省的移民相继到四川定居的事件。

　　据统计，这次移民的持续时间长达一百多年，入川人数一百多万人，其中湖北、湖南省的人数达一半之多。而在湖北省的移民中，麻城移民又占据重要地位，很多移民追溯祖先足迹的时候，都直指"孝感麻城乡"，虽未得到确切证实，但目前这是学术上的一个研究热点。

❹ 齐安公所

　　齐安公所是湖北黄州府移民修建的一个府会馆，历史上，湖北黄州府是"湖广填四川"大移民的主要区域，因黄州府在唐代称齐安郡，所以黄州会馆也叫齐安公所。整个建筑布局依中轴线排列，由上往下是戏楼、天井、看厅、抱厅、大殿，两侧为附属建筑。齐安公所是重庆湖广建筑群中保存最为完好的一座。

　　齐安公所最具有特色的是戏台，可说是保存最为完好、做工最精美的戏台，台上那些雕像在雕刻手法上十分精细形象，具有相当高超的艺术水平。

中心城区

❺ 广东公所

　　广东公所修建于清乾隆年间，现存建筑为清嘉庆年间重建。会馆主体结构采用四合院布局，整个建筑物更崇尚工巧华丽，尤以戏楼的浮雕为最，内容丰富，历史沉淀深厚。

　　广东公所是湖广会馆的主要演戏场所。戏楼可以同时容纳300人看戏。看厅卷棚檐口下的撑拱，镂空雕刻着以《封神榜》故事为主的戏曲故事图案；戏台下侧精湛的木雕，则以《三国演义》故事为主，两侧厢楼额匾，分别题有"游目"与"骋怀"四字，意为观戏足以使人大饱眼福，开畅胸怀。

❻ 东水门

　　东水门位于湖广会馆一侧，紧邻水码头，曾经十分兴旺，沿街布满了客栈、酒肆、商号等，随着时间的推移，古老的石板街渐渐消失。在重庆，古城门有"九开八闭"之说，而东水门是"九开八闭"的古城门之一，是保存得较为完好的城门，属于市级文物保护单位。现在的古城墙经过修复，已经重现古城门的风貌。

　　东水门下的东水驿传统商业街也得到修复，重新开放。商业街长一百多米，主要汇集了重庆的各种民间工艺美术，多达数十种，可以看到蜀绣、石刻的现场表演，也能买到梁平竹帘画、荣昌陶瓷、荣昌扇子等民间工艺品。

攻　略

美食　饕餮一族新发现

　　饭江湖：口味很好，鳝段、萝卜皮都不错，露天座位视野开阔，店里都是大碗上茶，也可以大碗喝酒。地址：渝中区长江滨江路芭蕉园6号。

Follow Me 重庆深度游

八省会古川菜体验馆：古色古香的环境，精致的菜品摆盘，配上沿江美景，让吃饭成为一种视觉享受。推荐怪味一绝、牛气冲天、松毛手抓骨、蒜泥白肉卷，还有店内的青梅酒。地址：渝中区长江滨江路芭蕉园1号（湖广会馆）。

住宿 驴友力荐的住宿地

湖广会馆周边有几家很有特色的酒店，都是青年旅舍或客栈形式，很适合背包客入住。

闲隅江景艺术民宿：在解放碑附近的民宿，可以看到江景和重庆的夜景。环境典雅舒适，每个房间都有一个富有诗意的名字，布置很好，民宿服务很好。地址：渝中区公园路19号德艺大厦32楼。

明清客栈：一进门就被吸引了，假山流水小鱼两只小猫，客栈前台的对面就有张榻，整个建筑及装修非常有特色。这栋宅子每年都有人来修缮。二层楼的小院。一楼前面有住宿，后面是个酒水吧，简单的茶水咖啡那里都有的。地址：渝中区下洪学巷23号。

娱乐 城市魅力深体验

湖广会馆内节目丰富，演出不断，游客可根据喜好及行程安排做出适当选择。

中国戏曲：每日戏楼里中国传统戏曲的倾情上演，让你过足戏瘾的同时，更能体会人生如戏、戏如人生的生活真谛。

茶艺茶技：中国传统茶道文化千百年来令海内外人士赞不绝口；由茶引申出的一幕幕精湛的表演，使人品茗芬芳之时，亦为茶道精神而着迷。

巴渝歌舞：三千年巴渝文化的厚重积淀在瞬间凝聚成精彩的歌舞，呈现于世人面前，让人眼花缭乱，深深陶醉其中。

重庆民俗：具有重庆民俗特色的民间手工艺品的现场制作及展示，使人大饱眼福的同时，也可亲自参与制作一番。

歌乐山
红色记忆的承载

微印象

@一直一个人 红色革命景点，离渣滓洞和白公馆很近，据说这里原本是一个煤矿厂，后来用来秘密关押革命人士。里面陈列了很多当时的刑具，以及被关押者的介绍，让我们近距离重温了历史。

@粉兔子 重庆城市游之红色景点——白公馆（香山别墅），曾经关押过江姐、小萝卜头，其中印象最深的还是监狱里绣的红旗。在这里能重温历史、了解历史。红色爱国主义景点就是一本生动的历史书。

门票和开放时间

门票：白公馆、渣滓洞免费，但要网上预约，可在微信公众号"红岩联线""红村网"预约；歌乐山森林公园免费，索道另收费。

开放时间：白公馆周一闭馆，周二至周日9:00~16:30；渣滓洞周一闭馆，周二至周日9:00~16:30；歌乐山森林公园8:00~18:00。

最佳旅游时间

若逢雾天，游客在这里可领略到歌乐山著名的"云顶烟云"。歌乐山常年多雾，山高云低，云烟弥漫，游人置身山顶，只见乱云飞渡，云涛奔涌，虽不比峨眉山的茫茫云海，但"半山烟云半山松"的景致倒也使人如临太虚。

进入景区交通

位置：重庆市沙坪坝区歌乐山镇。

交通：可乘278路到歌乐山站下车或乘210路直接到白公馆。

景点星级

人文★★★★★ 休闲★★★★ 特色★★★★ 美丽★★★ 刺激★★ 浪漫★

Follow Me 重庆深度游

歌乐山属缙云山的一支余脉，因"大禹会诸侯于涂山，召众宾歌乐于此"而得名。有马蹄井、龙泉井、聪明泉、巴文化雕塑长廊等众多融入神话传说充满灵气的巴渝人文景点；有"歌乐灵音""云顶烟云""狮峰幽岩"等几十处秀美清幽的自然景观，历来为巴渝游览胜地。历代文人骚客、达官名士都爱到此探幽览胜。

歌乐山山脚下的烈士陵园景区有中美合作所、白公馆、渣滓洞等历史遗迹，这一景区纵横1万多米，其中很多都是全国重点文物单位。

链接　歌乐灵音

歌乐山中最负盛名的当属歌乐灵音。所谓的灵音，就是风动谷应，涛声渐起，由远及近的悠鸣声。风小则鸣音微弱，风劲则涛声大作，若遇暴风骤雨，则风松齐鸣，水石相击，堪称大自然最为奇绝的交响乐演奏。清代，歌乐灵音被评为巴渝十二景之一。狮子峰是聆听歌乐灵音的最佳去所，其下还有清末西北将军鹿仲麟的旧屋遗址可供参观。

亲子研学

歌乐山前世今生

抗战时期，郭沫若、冰心、老舍、臧克家等都曾在山上留下众多名文佳句，歌乐山因此具备了丰富的历史文化内涵。长篇小说《红岩》在全国范围内的广泛流传，使得歌乐山更成了一座英雄的山脉。在这里感受那个时期的峥嵘岁月变迁，不失为一个好选择。

1 歌乐山森林公园

歌乐山森林公园位于沙坪坝区，距重庆市中心16千米，是国家4A级景区，2003年被评为国家森林公园和重庆市体育主题公园。歌乐山森林公园以山、水、林、泉、洞、云、雾等自然景观和"清丽、幽深、古朴、旷达"的风格被誉为"山城绿宝石"，是重庆除南山之外的又一个"天然大氧吧"。

点赞　👍 @笑红颜 这里的空气十分清新，和家人朋友在闲时到山上走走真的不错，感觉很惬意很安逸。山顶上有卖小吃炒菜的，爬到山顶顺便吃吃再看看风景很是舒服。

攻略

歌乐山森林公园每年都会举办众多赛事活动，重庆市歌乐山旅游文化节、"歌乐大腕"掰手腕大赛、重庆市大学生攀岩赛、飞镖大赛、歌乐山万人登山节、歌乐山五一体育大竞技、歌乐山铁人五项赛、挑战吉尼斯颠球大赛、歌乐山山地自行车越野赛、攀爬车车技赛、红岩险道登山赛、空中迷宫探险赛等。各类赛事活动的举办，吸引了来自全国各地的众多游客到歌乐山旅游观光、参与健身休闲活动。

链接　歌乐山"道"

歌乐生态登山道： 歌乐山风景区6条歌乐生态登山道线路总长度约2000米，分布于歌乐山观光索道沿线、烈歌路及歌乐山国家森林公园内。有专为儿童设计的"成长阶梯"，有爱情主题的"同心道"，有围绕歌乐山美丽传说的"仙乐峰登山道"，有感悟人生的"人生路"……每条道都设置了指导游人科学登山的标牌，每条道路都赋予了独特丰富的文化内涵，使游人在登山过程中既强身健体，又愉悦身心。

歌乐山观光索道： 是重庆市第一条旅游观光索道。它直接通向素有"渝西第一峰"之称的歌乐山主峰云顶峰，索道长900余米，运行速度约1米/秒，全程共需17分钟。人们坐在索道吊篮上，既可观赏满山葱郁繁茂的森林风光，又可俯瞰嘉陵江及沙区、江北区、渝中区城市景观。

中心城区

歌乐山示意图

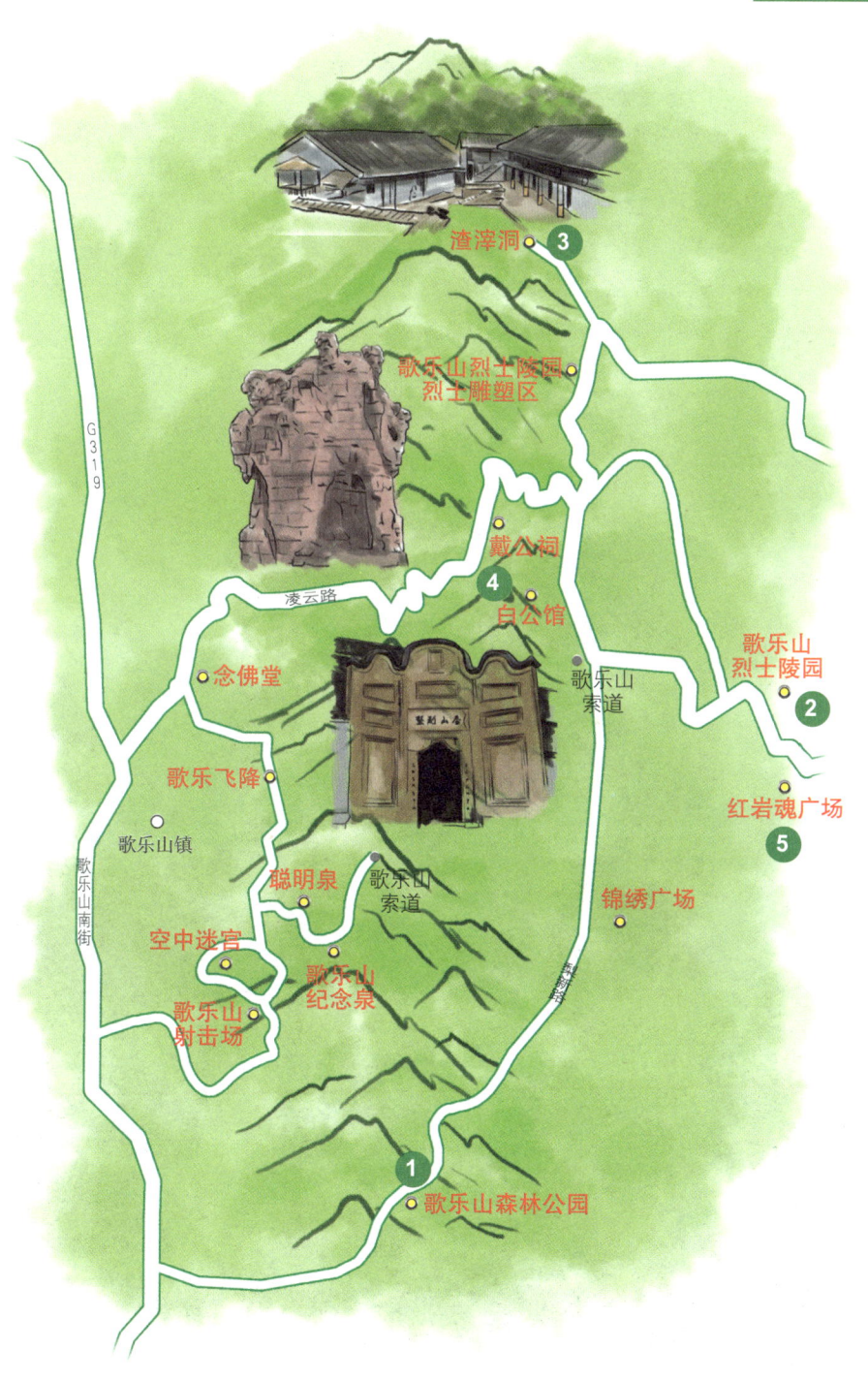

- 渣滓洞 ❸
- 歌乐山烈士陵园烈士雕塑区
- 凌云路
- 戴公祠
- 白公馆 ❹
- 念佛堂
- 歌乐山索道
- 歌乐山烈士陵园 ❷
- 歌乐飞降
- 红岩魂广场 ❺
- 歌乐山镇
- 聪明泉
- 歌乐山索道
- 锦绣广场
- 空中迷宫
- 歌乐山纪念泉
- 歌乐山射击场
- 歌乐山南街
- G319
- 歌乐山森林公园 ❶

059

Follow Me 重庆深度游

❷ 歌乐山烈士陵园

　　歌乐山烈士陵园修筑于原"中美合作所"集中营旧址，地处重庆市西北郊的歌乐山下。进入陵园的大营门，首先映入眼帘的是原"中美合作所"阅兵场。昔日的阅兵场，现为一条美丽的绿化带，大型浮雕《不朽》坐落在阅兵场的东部。浮雕北面是陈列总馆，基本陈列为"中美合作所"集中营史实展，展示有490张图片、108件实物和"11·27"大屠杀半景画，详细披露了国民党集中营和中美特种技术合作所黑暗凶残的内幕，生动翔实地介绍了众多革命先烈为新中国的建立前仆后继、英勇不屈的斗争事迹。

中心城区

3 渣滓洞

渣滓洞位于重庆市郊歌乐山下磁器口、五灵观一带，原为人工采煤的小煤窑，因煤少渣多而得名。它三面环山，一面临沟，地形十分隐蔽。1938年起，这里被国民党特务机关改造成秘密监狱，专门用来关押和迫害革命者，许多可歌可泣、英勇悲壮的事迹便发生在此。

渣滓洞分内、外两院，内院有一楼一底的男牢16间，另有两间平房做女牢，外院为特务办公室和刑讯室。新中国成立前夕，国民党特务纵火焚烧了渣滓洞，仅逃出15位被囚禁的革命者，其余皆不幸牺牲。

红色文艺作品《烈火中永生》《红岩》《江姐》等均是以此为原型。

Follow Me 重庆深度游

❹ 白公馆

　　白公馆原为四川军阀白驹的郊外别墅，1939年军统特务头子戴笠为审讯、关押的保密性起见，将其选中为军统局本部直属看守所。

　　1943年"中美合作所"成立后，白公馆曾改为来华美军人员招待所，到1945年又作为"特别看守所"重新关人。

❺ 红岩魂广场

　　重庆的"红岩魂"广场，是全国第一个以烈士精神命名的广场。1999年，在纪念"11·27"大屠杀革命烈士殉难50周年之际，重庆人民在原"中美合作所"阅兵场的基地上修建而成。

　　广场分为瞻仰区和纪念区两个部分，一座宽21米、长18米的人行桥廊凌空架设，将两个部分上下贯通，浑然一体。广场气势恢宏，格调沉稳。

解说　广场雕像

　　瞻仰区主题为"浩气长存"的赤色花岗石烈士群雕，该群雕伟岸雄奇，犹如镶嵌于万绿丛中的巨型红宝石，体现出"在那青翠的歌乐山颠仰望黎明"的意境，瞻仰区的顶端是覆斗形的"11·27"大屠杀死难烈士之墓。与此相呼应，还有烈士诗文碑林和《血与火的洗礼》大型壁画。

　　广场纪念区西端有一水晶汉白玉砌成的碑体，上面镌刻着邓小平同志题写的"重庆歌乐山烈士陵园"，纪念区中轴线外两侧列有18根花岗石纪念柱，柱顶红梅怒放，取形"牢破梅开"，挺拔的柱身象征着烈士们不朽的人格，柱壁四边镌刻有烈士的遗诗遗言。轴线收头的广场东端，《不朽》浮雕墙衬托着刻有《红梅赞》词曲的喷泉音乐壁，与瞻仰区的烈士群雕遥相呼应，寓意时间虽在不停地流逝，但红岩英烈的精神却凝固在历史的长河中。

062

红岩魂广场

Follow Me 重庆深度游
攻 略

美食 饕餮一族新发现

　　歌乐山农家乐十分火爆，多达几十家。其中上天池度假村、龙洞农家乐等一批有特色的农家乐，已不再是传统的以农家庭院经济为主，与重庆近郊其他农家乐成片的景区相比，无论是档次还是规模上，都明显是后来者居上。

　　上天池度假村：是歌乐山镇的"老字号"农家乐之一。游客可入住水上别墅、仿古四合院。度假村有宽阔的人工湖供游人划船、垂钓。以鸡、鸭、鱼、兔等为原料的地道农家菜肴和创新江湖菜是上天池度假村的又一特色。

　　辣子鸡：来歌乐山，一定要尝尝当地的辣子鸡。辣子鸡用料特别讲究，主料选用家养土仔公鸡现杀现烹，以保持鲜嫩肥美，辅料选用川产上等辣椒、川产茂汶大红袍花椒，这样烹出的菜品，香气四溢，诱人食欲，麻辣酥香，鲜嫩化渣。

住宿 驴友力荐的住宿地

　　歌乐山紧邻众多高校，每个学校都会有招待所，条件虽然一般，但价格实惠，还有安全保障。另外歌乐山镇上有些农家乐也可以提供住宿，条件还不错，服务态度也很好。

红岩革命纪念馆

革命文化回忆地

微印象

@吃货人生 坐公交路过红岩村，于是下来看了看，虽然说这里展出的东西不算很多，但是也能了解到一些知识，时间充裕的话来看看还是不错的。

@一二一 红岩村是个朴素的所在，甚至有些田园的味道。朴素的外表下，埋藏着当年那段波诡云谲、波澜壮阔的历史。参观过后，思绪复杂，感慨万千。

门票和开放时间

门票：免费，凭有效证件领票参观。

开放时间：9:00~17:00（16:30停止入场参观）。

进入景区交通

位置：重庆市渝中区红岩村52号。

交通：市区乘坐210、219、261、318路等多路公交到红岩村站下。

景点星级

人文★★★★★　特色★★★★★　休闲★★★　美丽★★　浪漫★　刺激★

Follow Me 重庆深度游

红岩革命纪念馆位于重庆市嘉陵江畔，于1958年建成开放。馆内举办有全面反映中共中央历史的"中共中央南方局暨八路军重庆办事处历史文物资料展览""第二次国共合作与重庆谈判展览"等，展出了中共代表团、南方局、八路军办事处和《新华日报》的大量文章资料和历史照片。

红岩革命纪念馆现在代管中共中央南方局、八路军驻重庆办事处旧址、曾家岩50号周公馆、《新华日报》民生路营业部旧址和"双十协定"签字处桂园等。它们都是中共中央南方局的活动基地，是共产党在国民党统治区巩固和发展抗日民族统一战线、领导人民群众进行革命斗争的中心。

解说

馆内现有馆藏文物874件，重要历史资料（含历史文献、档案资料）1500余份，《新华日报》《群众》周刊等当年的报刊20余种844本（含合订本和少量影印本），当年新华日报馆、三联书店等报馆、书店、出版社出版发行的进步书籍1119册，历史图片2600余幅。

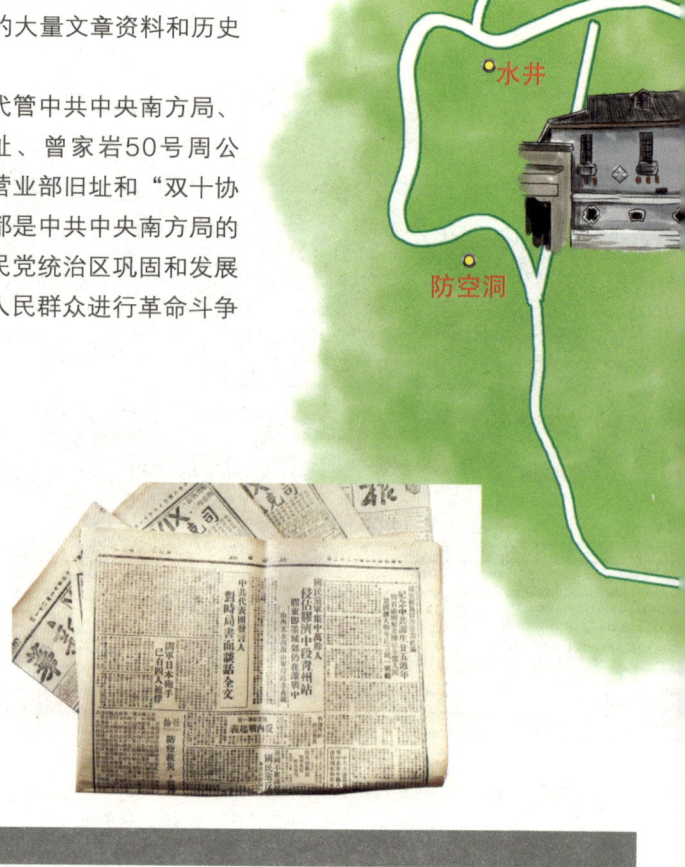

链接　珍贵藏品

童小鹏的照相机：是当年南方局批准购买的，中共中央南方局秘书处处长兼机要科科长童小鹏于1941年至1946年用此相机拍摄过许多重大历史事件，留下了许多珍贵的历史镜头。

《新华日报》印刷机：这是一台平板印刷机。1937年冬，中国共产党在武汉筹备出版《新华日报》时买进。从1938年至1947年，这台印刷机共使用了十年。

❶ 红岩村13号（八路军驻渝办事处）

红岩村13号原为刘家花园，位于沙坪坝区化龙桥红岩村13号，是一幢三层简易建筑，由当时南方局和八路军驻重庆办事机关工作人员动手改建的。为适应在敌特包围中斗争的需要，该处设置十分奇特：右侧传达室装置了脚踏电铃，以便在紧急时向内部发出通知；传达室门后掩蔽着一个通向二楼的小门，大门开时，即掩了小门。

066

中心城区

红岩村示意图

- ① 红岩村13号（八路军驻渝办事处）
- 马歇尔公馆
- 至周公馆、桂园
- 红岩革命纪念馆
- 宪兵楼
- 《抗战戏剧》旧址
- 饶国模旧居
- 草房
- 大有农场
- 阴阳村
- 纪念品销售中心
- 停车场
- 国民参政会

点赞　👍 @东南西　这里是重庆的革命教育基地之一。后来前面修了个广场。最经典的还是那棵黄桷树，当初是国共合作的分界点。现在那里还有很多以前谈判时用过的东西。

解说

红岩村13号是八路军驻渝办事处，是一幢三层木结构楼房。二楼有毛泽东、周恩来的办公室、卧室，陈列着当年他们使用过的各种物品和毛泽东著名诗词《沁园春·雪》的手稿。三楼是办事处干部的工作间及宿舍；各房间内有许多反映当年生活和工作的物品及照片。纪念馆内还先后修建了樱花园、桃花园和盆景园。

067

Follow Me 重庆深度游

❷ 曾家岩50号（周公馆）

　　曾家岩50号，是当时南方局在重庆市城内租用的办公处。它是一幢三层楼房，右侧是国民党特务头子戴笠的公馆，左侧是国民党警察局的派出所，这幢楼挺立在中间。1945年8月，毛泽东同志在重庆与国民党谈判期间，曾在底楼会议室接见过中外人士。周恩来同志会见各界人士和中外记者也常在这里。

解说

　　1938年，中共代表团由武汉迁移重庆后，为便于开展工作，周恩来以个人名义租赁了这幢房子，作为中共中央南方局在市内的一个主要办公地点。奇怪的是这里的环境看起来并不安全，在左右两边都有国民党特务据点。当年，周恩来就在这大敌环视的险恶环境中，从容不迫地开展工作，表现了一代伟人的胆略和气概。如今，在场馆内的广场上还立有周恩来铜像。

❸ 桂园

　　桂园因院内有两株桂花树而得名，是毛泽东同志在"重庆谈判"期间市内办公、会客的地方。它是一座砖楼小院，位于曾家岩50号右侧200米处，原是国民党谈判代表之一张治中先生的公馆，为了毛泽东同志的安全和方便起见而特意提供的。

　　楼下会客厅是当年毛泽东、周恩来同国民党代表进行谈判和签订《国共双方代表会谈纪要》（即《双

中心城区

十协定》）的地方，毛泽东曾在这里接见过各界民主人士和记者。在右边的餐厅里，毛泽东和周恩来曾宴请各国驻华使节和中外各界人士。二楼是毛泽东和周恩来办公、休息的地方。现在这里陈列着他们在重庆期间活动的照片，以及《新华日报》《解放日报》等登载的有关毛泽东在重庆活动的报道。

❹ 《新华日报》旧址

抗战爆发后，中国共产党的机关报《新华日报》便是在这样的背景下，诞生在江城武汉，后因武汉沦陷，迁往当时的陪都重庆。重庆《新华日报》旧址有两处，国共谈判破裂后，《新华日报》被查封，全体人员于1947年3月上旬与中共八路军驻渝办事处一起撤回延安。《新华日报》在重庆共计9年，出刊3331期。旧址现为重庆红岩革命纪念馆的组成部分，也是第五批国家级文物保护单位。

链接　两处旧址

一处在重庆化龙桥虎头岩。1939年8月《新华日报》于重庆恢复发行。当年这里称之为"虎头岩报馆"，与曾家岩50号和红岩村13号并称重庆"三岩"纪念地。《新华日报》在陪都重庆的最高日发行量曾达到5万多份，读者遍及各地。

另一处在重庆民生路。"五三""五四"大轰炸后，《新华日报》的营业部从报社分离出来，迁往现在的民生路208号。《新华日报》营业部建于20世纪30年代，为中西式砖木结构黑色楼房。三楼一底，共有房屋六间。门额横书"新华日报"四字，系于右任先生所题。

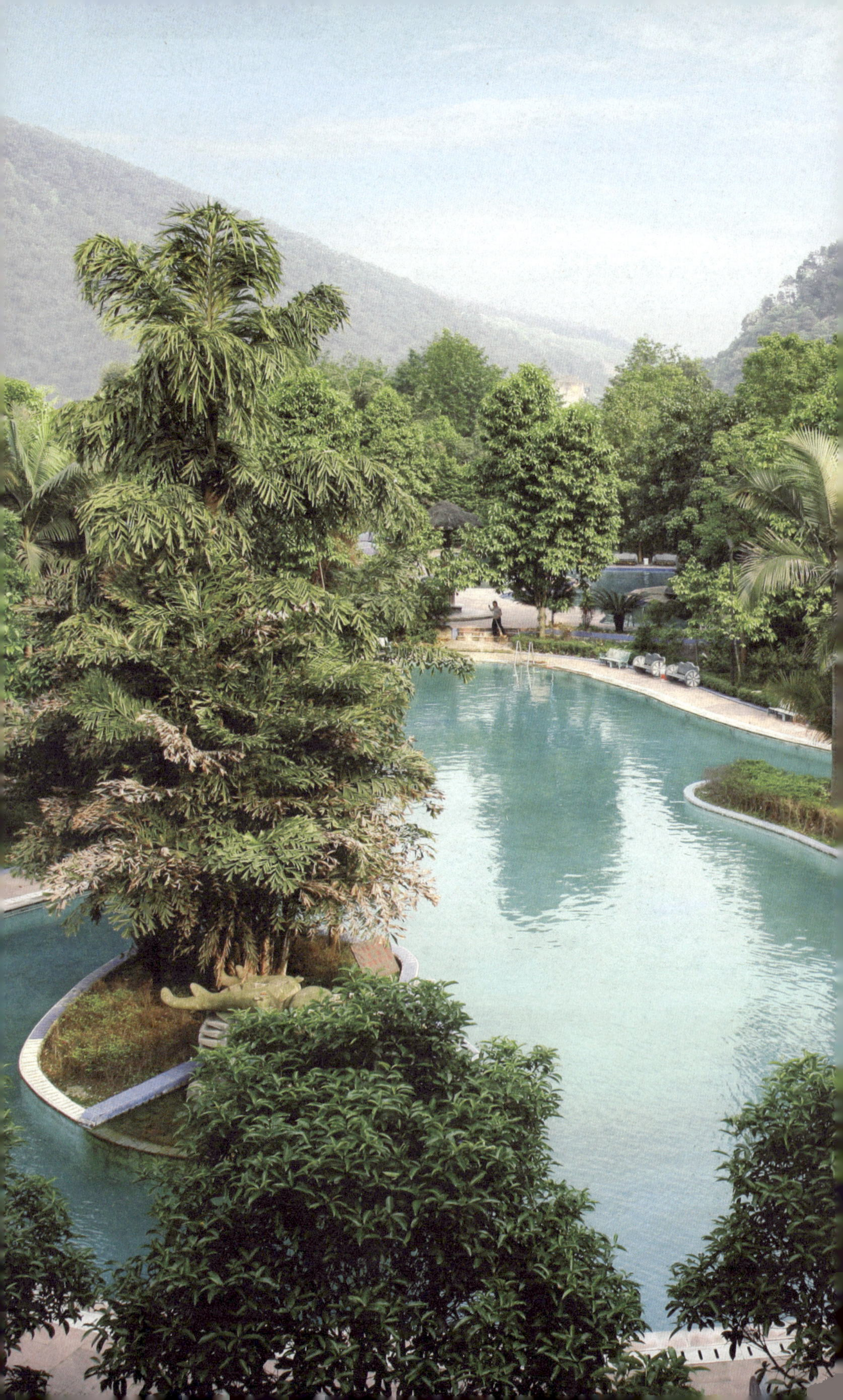

第 2 章
重庆郊区

南山风景区
缙云山
华岩旅游区
钓鱼城
海兰云天温泉

南山风景区
重庆夜景最佳观赏去处

微印象

@宛在水中央 最让人难以忘记的樱花，繁密，精致，让人喜爱这春光。还有让人眼花缭乱的植物，你一定不会后悔去这里。

@一碗海鲜粥 最开始我以为南山就是普通的地名，后来才知道它真的是一座山。南山一棵树观景台是最适合观看重庆夜景的好去处之一。

门票和开放时间
门票：景区免费，南山植物园30元，大金鹰观景台12元，一棵树观景台旺季30元、淡季15元。
开放时间：8:00~17:00（观景台延时至22:30）。

进入景区交通
位置：重庆市南岸区南山镇南山公园附近。
交通：可乘坐335、384路公共汽车到达，景区内有南山观景索道。

景点星级
休闲★★★★★　人文★★★★★　美丽★★★★　特色★★★　浪漫★★　刺激★★

重庆郊区

重庆南山风景区位于重庆城区长江南岸，南起金竹沟，北至铜锣峡，包括涂山、汪山、黄山、袁山、蒋山、岱山、老君山、文峰山等数十座山峰，总面积约2500公顷，平均海拔400余米，最高峰春天岭海拔681.5米。

从渝中区隔江遥看，峰峦叠嶂、郁郁苍苍，恰似一道拱卫山城的绿色屏障。此外，这里人文景观丰富；山、水、林、泉、瀑、峡、花等，自然风光俱全，可谓人文景观与自然风光交相辉映。主要景点有涂山寺、南山植物园、老君洞等。

❶ 一棵树观景园

园区位于南山风景区真武山半山腰，分为观景台和观景阁。观景台可同时容纳数千人观景，是观看山城夜景的绝佳处。观景阁则是2002年为迎接AAPP（亚洲议会和平协会）盛会在重庆召开而新建落成，高38.8米，外形为雷达状。

历经多年的精心改造，一棵树观景园已成为重庆继长江三峡、大足石刻之后的又一旅游品牌，是重庆的标志性建筑之一。

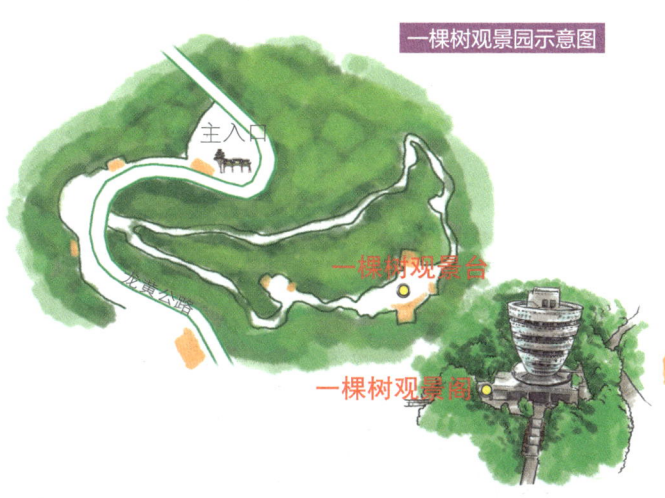

一棵树观景园示意图

073

Follow Me 重庆深度游

❷ 南山植物园

　　南山植物园位于重庆市南岸区南山风景区中心。它始建于1959年，1998年由南山公园更名为南山植物园，有着悠久的历史、深厚的文化底蕴和优美秀丽的自然景观。

　　南山植物园是重庆市民的郊游胜地。从2000年蔷薇园建成开始，2001~2005年，兰园、梅园、山茶园、盆景园、大金鹰园相继落成。植物园内荟萃了中外名贵花卉1000余种，一年四季，皆有花色花香，因而赢得了"山城花冠"之盛誉。

南山植物园示意图

重庆郊区

攻略

蔷薇园：占地11万平方米，园内种植蔷薇科植物6万余株，180余种，是观赏蔷薇科花卉植物的主要专类园。园区内久负盛名的樱花大道、樱花广场，每年3~5月，景区内"人如海，花如潮"，蔚为壮观。

盆景园：是南山植物园中心园区核心景点，面积2万平方米，陈列我国各地的大小盆景数千株，有各类盆景500余盆。它是收集、制作、保存和展示重庆及全国各大流派盆景精品的盆景专类观赏园，加之名人题刻、诗词对联，呈现出深厚的文化底蕴。

山茶园：着重展示重庆市花——山茶花，园内栽培有各种茶花170余种，两万余株，加上园内现存的桂花、银杏、玉兰等古树名木，总体优势堪称全国之冠。尤其是"古茶苑"内几株树龄400年以上的古树，至今古干繁茂，繁花满树，堪称稀世之宝。

大金鹰园：位于植物园的鹞鹰岩，紧邻山茶园和杜鹃园，是南山植物园中心园区的主要景点，已成为重庆市的标志性建筑之一。鹰体全部用金箔粘贴，共用去黄金32公斤。鹰体立于南山最高点，金光灿灿，蔚为壮观。白日登临，山水重庆尽收眼底；夜来游览，灯火山城错落层叠，恍若仙境。

梅园：占地4万多平方米，于2001年落成，园内收集栽培梅花品种80余种，共1500余株，梅花苍劲挺秀，疏影横斜，不拘一格，堪称梅中精品。

❸ 涂山寺

涂山寺位于涂山之巅，南山索道中转处，寺门上刻有"涂山胜境"四字，是重庆现存最古老的寺庙。因寺内供有尊武祖师，又被称为"尊武寺"。古人为纪念夏禹治水的功绩，在山上建"禹王祠"，其后建禹王庙、真武寺。明清时期寺庙有所扩大，真武寺与禹王祠旧址合并，故称"涂山寺"。

涂山寺中现有殿宇8重，房间100多间，占地1万多平方米。主殿之内既供有释迦牟尼像，又供有真武祖师像，第三层殿中则供有禹王、涂后像，立有"禹王治水碑"。

075

Follow Me 重庆深度游

南山风景区示意图

- 1 一棵树观景园
- 2 南山植物园
- 3 涂山寺
- 4 海昌加勒比海水世界
- 5 老君洞

二娃农家乐
大金鹰
兰园
内环快速路
东西大道
至老龙洞

4 海昌加勒比海水世界

海昌加勒比海水世界位于南山旅游核心地，国家4A级景区。这里不仅融合了韵味十足的加勒比海文化，同时还具有浓郁而神秘的玛雅旧城风貌，炫酷的玛雅图腾、精美的雕刻彩陶、斑斓的城墙壁画遍及整个园区，是西部地区第一个集游乐、购物、美食、异域景观于一体的大型水主题乐园，每年可容纳100万人次观光游客。

攻略

这里有规模较大的综合型戏水城堡——精灵水寨，还有进口造浪池，可制造8种超级海浪的海浪谷。20余种国外进口、世界顶尖水上游玩设备包括龙卷风暴、垂直极限、翻滚海床等。清新的空气、蔚蓝的海水、神秘的玛雅图腾、幽默而疯狂的海盗、宽松的水手服、绚丽的海盗巾、斑驳的骷髅旗帜、勇敢的海盗船长，电影《加勒比海盗》的情景在这里可一一呈现。

重庆郊区

❺ 老君洞

　　老君洞始建于隋末唐初,原名广化寺,明万历九年(1581年)改为道观"太极宫",俗称"老君洞"。清道光、同治、光绪年间多次扩建重修,先后共建殿宇九重。各殿结构精巧,依山而建,凿壁成像,悬山穿斗,登顶俯视,数十里山城美景尽收眼底。

Follow Me 重庆深度游

❻ 老龙洞

　　老龙洞为天然溶洞，溶洞内景色别致，四季如春，常年温度为18℃。洞内千姿百态的钟乳石景观，令游客叹为观止。洞中奇石琳琅满目，栩栩如生，有的像山，有的像笋，有的像鼓，有的像钟。栈道飞瀑、鸳鸯柱、天眼观书、八仙台等十多处都是美轮美奂的钟乳石景观。

攻 略

重庆郊区

美食 饕餮一族新发现

泉水鸡一条街：位于南山脚下黄角垭镇。泉水鸡是近年来在渝川地区流行的新派菜之一，香辣可口，回味无穷，一般一鸡三吃——泉水鸡、鸡血旺、炒鸡杂。这里大都以农家乐形式经营，家家都以烹煮泉水鸡为长，每年还有盛大的"南山泉水鸡文化节"。美食街上的"老幺泉水鸡"和"竹楼泉水鸡"值得一尝。

娱乐 城市魅力深体验

海棠晓月圣地温泉建立在昔日的古巴渝十二景之一"海棠烟雨"旧址上，北临长江，背倚南山。海棠温泉采自地下3000米处的深层热水，温度高达52.8℃，日流量为2500吨，富含钙、镁、硫、硅等多种微量元素。

缙云山
重庆"小峨眉"

微印象

@七剑下天山 来重庆这么久，第一次来缙云山，这里环境真的很舒服，在办公室坐久了，就是应该多来锻炼锻炼，呼吸下新鲜的空气。

@紫云轩 我是跟着同学去的。去的时候有山雾，笼罩着寺庙，很神秘，也很神圣的感觉。

门票和开放时间
门票：12元，每年3月12日（植树节）免费，索道上行30元，下行20元，往返40元。
开放时间：9:00~16:00。

最佳旅游时间
夏秋最佳，缙云山海拔较高，夏秋较为舒爽。冬春季气温较低，且经常下雪。

进入景区交通
位置：重庆市北碚区金华西二支路56号。
交通：重庆市区乘坐轨道交通6号线到北碚站下车，到北碚后在地下商场旁的车站换乘至缙云山的旅游专线客车，返程车在缙云山大门乘坐。

景点星级
美丽★★★★★　休闲★★★★　人文★★★★　特色★★★　浪漫★★　刺激★

重庆郊区

缙云山，雄峙重庆市北碚区嘉陵江温塘峡畔，是7000万年前"燕山运动"造就的"背斜"山岭，古名巴山。因山间早霞晚云，姹紫嫣红，五彩缤纷。古人看到云雾的奇观，将其称为"赤多白少为缙"，缙云山由此得名。

缙云山有朝日峰、香炉峰、狮子峰等九峰横亘，其中玉尖峰最高，海拔1050米。景区除了相思岩、黛湖、白云竹海等众多优美的自然景观外，还有缙云寺、绍龙观等八大古刹和晚唐石照壁、宋代石刻、明代石牌坊等名胜古迹。

❶ 缙云寺

缙云寺始建于南朝宋景平元年（423年），是具有1600多年历史的佛教圣地，曾称"相思寺""崇胜寺""崇教寺"，并受到历代帝王封赐。寺中自古办学，名为"缙云书院"。

寺内现存有宋太宗诵读过的二十四部梵经。寺外石照壁上的"猪化龙"浮雕，为六朝文物。另有出土的石刻天王半身残像，据传是梁或北周作品。

Follow Me 重庆深度游

❷ 狮子峰

狮子峰海拔864米，是缙云九峰中最为险峻壮观的山峰，因远眺如雄壮的狮头，由下仰望则状似雄狮俯卧峻岭，故名狮子峰。

狮子峰峰顶前，有古寨遗迹、上峰顶等景点，穿过一道窄窄的寨门后，还有清咸丰十一年（1861年）立的《修砦碑记》。狮子峰峰顶岩石裸露，突兀嵯峨，峰头上有两个足印，传说是真武祖师立于山头一跃而至重庆南岸真武山留下的神仙足迹。峰顶有座方形石台，名叫太虚台。台内嵌有太虚石碑，刻有《太虚台记》。

❸ 相思岩

相思岩在缙云寺东北侧，纵横百米，深山一壁，光滑峻峭，气派壮观。岩下古木森森，幽重成林。岩崖底部，多处刻有宋代摩崖石刻，形状如堵，塔下凿有石窟，系埋葬俗人骨灰之地。其上刻有"相思崖"三个大字。岩巅高处有一巨石，远远望去，像是一个人在沉思，相传这就是相思岩的来历。

重庆郊区

④ 黛湖

　　黛湖位于缙云山与北温泉之间的幽谷中，群山环绕，林荫蔽日。前有绍隆古寺，右有九龙古寨。黛湖虽刚进山不远，但已是古木参天，古重墨绿，火红的杜鹃花，星星点点，镶嵌在青碧丛中。山光水色，湖堤倒影，相映成趣。

　　黛湖湖面水平如镜，湖底绿藻参差。据记载，湖中鼓藻类植物相当丰富，至今已发现的20属140余种，占了我国鼓藻记录的70%，有"水生植物宝库"之称。

⑤ 白云竹海

　　白云竹海地处缙云山腰的白云村，背靠夕照峰，因此地有一古刹名白云寺而得名，又因这片竹海在缙云山保护区内，所以有人又称之为缙云竹海。这里是缙云山竹类生长最为集中的地方，主要有桶（毛）竹、慈竹、平竹、苦竹、金竹、水竹、山竹、罗汉竹、佛竹和凤尾竹等20多个品种。

　　白云竹海景点较多，主要有白云寺、千年古松、缙云古道、金毛竹、悬崖高观音、石笋、牛心石、鱼儿石、万人坑、竹海石船等。竹林之下就是蜿蜒的嘉陵江，秀丽小城，清楚可见，给人一种清心、爽目、恬静之感。

点赞 👍 @夏日小雨 微风吹拂着竹叶，枯黄的老竹叶似片片白雪，伴着从林海缝隙中洒进的阳光，随淡雾萦绕，飘飘荡荡，落在人的身上，与鸟喧、蝉鸣、蝶舞成趣，回味隽永，给人以清新的感受。

攻略

景区交通 游遍景区不犯愁

　　缙云山索道是全国最长的旅游索道之一，全长1974米，上下车站高差为450米。索道单面运行时间为32分钟，每日运行时间为9:00~17:00。缙云山索道票价：上行30元，下行20元；往返40元。

　　为方便市民夜间上山，游客只要有4人以上同行，都可加开班次，票价照白天价格执行。

083

Follow Me 重庆深度游

美食 饕餮一族新发现

缙云山附近农家乐众多，让游客在欣赏美景的同时可以品尝到地道的农家菜。

缙云山餐厅：就在缙云山寺庙上面，主营山区家常菜。用餐环境一般，菜品味道还不错，推荐土鸡煲，用的当地土鸡，分量很大，鸡汤味道鲜美，爬山后饱餐一顿，心情马上舒畅。另外，炸猪头肉和野蕨菜也很不错，推荐大家品尝。

文梅山庄：位于缙云山白云竹海深处。山庄藏于竹海深处，仿若世外桃源。古色古香的木屋，推开窗就能看到满眼的绿意，好似住进了诗画之中。这里的白云醉鸡和干烧豆食鱼，每一口都是地道的农家风味，让人回味无穷。吃完饭还可以在竹林里漫步，品茶聊天，享受一份难得的宁静与惬意。

住宿 驴友力荐的住宿地

缙云山的住宿比较方便，里面的天香苑度假酒店环境不错，当然景区外的农家乐也比较多，价格一般是80~120元/人，包住一晚及三餐饭，还是很划算的。不过农家乐的条件一般较简陋，可看了环境后再决定。

重庆天香苑度假酒店：位于缙云山山腰，依山而建，俯瞰嘉陵，紧邻北温泉、绍龙观、金刀峡、金刚碑古镇、偏岩古镇。独立园林别墅，尊贵、自然、私密、温馨。

位置：澄江镇北泉村松树堡组118号。

此外，还有柏联酒店、海宇温泉大酒店、康乐温泉度假村、重庆心景乐养酒店等。

娱乐 城市魅力深体验

缙云登山节：每年春季举行，山上修有专门登山阶梯，设计很人性化，每级都有休息平台，届时上万游客或登山健身，或悠闲散步，男女老少自得其乐。

"缙云论剑"武林大会：届时武当、峨眉、形意、八卦等武术流派均派代表上山论剑，切磋武艺。"缙云论剑"已连续举办了多届，一年比一年精彩，吸引了越来越多的武术爱好者前来切磋学艺。

购物 又玩又买嗨翻天

蕨菜：缙云山有蕨类植物148种，其中大多数的蕨芽均可食用。

菝葜：川西称都荅，缙云山当地称"金刚藤"，春夏时节采摘嫩梢做菜。

绞股蓝：绞股蓝被人们誉为"南方人参"，但人们大多将其制成茶或提取有效成分，作为医疗保健用品。

缙云山甜茶：缙云山甜茶系在春夏时节，采摘嫩叶、嫩枝蒸炒后揉搓焙干制成，其味甘甜芳香、无刺激性。

华岩旅游区
巴山灵景

微印象

@游走的人 华岩寺掩映在一片青葱中,环境优美。寺庙里珍藏了很多历史文物。

@相见不如怀念 华岩寺还是值得一去的,这里的华岩洞历史非常悠久,寺庙面积不小,分为大寺和小寺,氛围很浓厚。

门票和开放时间
门票:免费。
开放时间:8:00~17:00。

进入景区交通
位置:重庆市九龙坡区华岩村151号。
交通:市区乘坐轨道2号线在大堰村站下,转891路公交即可到达。

景点星级
特色★★★★　　人文★★★★　　休闲★★★　　美丽★★★　　浪漫★　　刺激★

Follow Me 重庆深度游

华岩旅游区由华岩寺、华岩洞、华岩湖三部分组成，集青山、绿水、古刹、金佛于一身，自然环境优美，庙宇建筑精美，自古就是游览胜地。

华岩寺历史悠久，乃蜀川名刹、西南十大丛林之一，有"巴山灵境"之称，是重庆市级文物保护单位。景区内古刹、佛塔、石刻、雕塑、古桥等遗址俱全，景色清幽、颇有禅意，其中"曲水流霞"被列为重庆小十景之一。

1937年，华岩寺创办华岩佛学院。2004年，经国家宗教事务局批准的高等宗教院校——重庆佛学院在景区内正式挂牌。

❶ 华岩寺

华岩寺又名花岩寺，因山岩有洞有泉，雨时涧泉从洞顶飞溅而下，状如散花，故古人以花岩为洞名。

寺院分大寺、小寺两部分，前后共有15个天井，规模宏大。华岩寺的建筑元素处处体现出佛文化的特点。庙门两旁的石雕雕刻的是佛经故事，就连石头栏杆上的雕花也雕刻的是"禅"字。一来到这里，浓浓的佛文化气息扑面而来。

大寺殿堂建筑系传统庭园式砖木结构建筑群；分为前、中、后三殿堂，即大雄宝殿、圣可祖师堂和观音堂；寺左侧为接引殿；大雄宝殿内的十六尊者木浮雕，为寺院所少见，寺内还珍藏有印度玉佛及铜、玉、石、木、泥雕像及大金塔模型等；小寺即华岩洞，与大寺隔湖相望，为华岩寺之祖庙。

亲子研学

华岩寺的变迁

传说唐朝佛教极盛时期，便有僧人在华岩古洞依岩建庵，礼佛诵经，寺称"湫溢寺"。时事变迁，几经兴废，明万历十五年（1587年），本地乡绅杨益邀寓居于此的泸州僧人无权大师一道募化善资，重修栋宇，再塑金身，寺院规模初成。

清康熙己酉年四月初八浴佛节，杨继芳居士将位于待漏山的自家宅基地捐为寺址。在杨继芳居士的带动下，一时善男信女纷纷捐资献金，帮助修庙，历时八年终于建成，寺称"华岩禅寺"。

❷ 华岩洞

华岩洞即华岩寺小寺，与大寺隔湖相望。华岩洞是华岩寺的祖庙，岩下古洞天成，依势而建，坐东朝西，分为两段，以石阶相连。洞庙飞檐高耸，腾越于云雾之中，蔚为奇观。上段右侧岩壁上的摩崖石刻"有龙则灵"四个大字，苍劲雄浑，至今完好无损，十分壮观。

重庆郊区

❸ 华岩湖

华岩湖细长蜿蜒，更像是一条河流。两岸青山葱茏，湖面波光粼粼，白鹭翩翩飞舞，水鸟悠然游弋，生态环境极佳。蓝天白云下，寺庙的金顶从绿树中星星点点地露出，再倒映在湖中，自然而和谐，更显庄重神圣。

点赞 👍 @那时花开 华岩湖本是一个普通的小湖，可是在禅声袅袅、丛林环绕之下，也显得禅意深深，竟生出几分诗意来。

华岩寺景区示意图

- 重庆佛学院
- 奇人奇才艺术馆 ❹
- 三峡奇石博览馆 ❺
- 万佛殿
- 弘法楼
- 接引殿
- 华岩寺 ❶
- 华岩寺佛教博物馆
- 五观堂
- 华岩洞 ❷
- 华岩湖 ❸
- 摩天轮
- 雷霆魔爪
- 欢乐水磨坊
- 熊家婆剧场
- 冲上云霄
- 青龙袭水
- 旋转木马
- 合家欢过山车
- 极速风车
- 桑巴气球
- 幸运簸箕
- 龙门阵国际旅游度假区
- 内环快速路

087

Follow Me 重庆深度游

④ 奇人奇才艺术馆

重庆华岩奇人奇才艺术馆坐落于华岩风景区华岩寺北大门旁。馆内汇集了一批全国一流的书画特殊艺术名家，他们都享誉国内外，取得过许多骄人的成绩。

艺术馆内环境清幽典雅，文化氛围浓厚。这批特殊艺术家的书法、绘画等艺术作品散发着中国传统艺术源远流长、博大精深的文化底蕴，也透射出艺术家们生生不息、自强自立的顽强精神。艺术馆弘扬残疾人艺术家们自强不息、厚德载物的精神，以追求高品质的书画艺术作品为核心，同时向着打造国内一流奇人奇技文化艺术品牌而努力。

⑤ 三峡奇石博览馆

世人皆知三峡山水之壮美，而知三峡石之奇美者寥寥。被誉为"天然地质博物馆"的长江三峡，是大自然恩赐的一个五彩石头世界。岩畔滩头千姿百态的石头，赋予了三峡历史文化的神奇。

闻名于世的纤夫石原本只是长短不一、粗细不同的插在石头中的条石。纤夫拉纤时，纤绳与条石发生摩擦，长年累月，岩体就被磨出了一道道巨大的、深深的沟。

这些条条深浅不一的槽痕述说着峡江先民的生存历史，是千百年来三峡纤夫的血泪和长江水运苦难史的见证。

攻略

美食　饕餮一族新发现

斋饭：华岩寺素食餐厅一楼菜品丰富，除了蔬菜、素菜、仿荤菜比较热卖之外，华岩寺素食餐厅的小吃，如紫薯迷你盏、凤梨酥、西米小丸子等也非常有名。来到华岩寺吃斋饭的大多是一大家人或者一大帮朋友。

娱乐　城市魅力深体验

佛石艺术文化节：石文化节首开国内先河，将佛教理念和石文化艺术完美地结合，以石收藏艺术丰富文化旅游内涵，获得了大批业内专家和石、画爱好者的追捧，也得到了越来越多市民的喜爱。

荡舟华岩湖：这是去华岩寺的一大享受。平静的湖水映衬着红墙绿瓦的寺庙，微风吹来涟漪荡漾，两岸竹丛送风，柳枝吐翠，伴着寺庙传来的宵钟声、木鱼声、诵经声使人心旷神怡，心无杂念。

钓鱼城

巴蜀要津

微印象

@吴侠吴侠 交通不太方便，但是景色绝伦，作为古战场遗址，保存得比较完好。不到达实地无法理解这座孤城如何坚守了36年。除了强弓劲弩、城池坚固以外，这里三面环水，一面临山，整座城就建在山上，占尽了古代战争的地理优势。

@军sunny 钓鱼城风光非常好，视野很开阔，可俯视江面，远观田园风光，钓鱼城还有悠久的历史，可在欣赏自然风光的同时感受古战场的磅礴气势。

门票和开放时间
门票：60元。
开放时间：8:00~17:00。

进入景区交通
位置：重庆市合川区钓鱼城大道鱼城村。
交通：乘坐合川929路公交在钓鱼城路口站下，即可到达。

景点星级
人文★★★★★　美丽★★★★　特色★★★　休闲★★　浪漫★　刺激★

Follow Me 重庆深度游

钓鱼城位于合川县城东北部的钓鱼山上,被誉为"改写世界历史进程的奇迹之城"。

钓鱼城三面环水,一面临山,至今保存完好。主要景观有城门、城墙、皇宫、武道衙门、步军营、水军码头等遗址,有钓鱼台、护国寺、悬佛寺、千佛石窟、皇洞、天泉洞、飞檐洞等名胜古迹,还有元、明、清三代遗留的大量诗赋辞章、浮雕碑刻。

亲子研学

钓鱼城之战

南宋嘉熙四年(1240年),蒙古发动了对南宋王朝的进攻,为抵御蒙古铁骑,淳祐三年(1243年),四川制置使兼知重庆府余玠采纳播州人冉琎、冉璞建议,在钓鱼山筑城,作为重庆屏障,以抗蒙古军队的侵犯,钓鱼城始成,其名也始于此。

淳祐十一年(1251年),蒙哥登大汗位,亲率十万骁勇善战之师,侵宋战事再次打响,"钓鱼城之战"大幕揭开。从1243年到1279年,南宋合州军民在守将王坚、张珏的率领下,凭钓鱼城天险,运用正确的战略战术,历经大小战斗两百余次,抵御了当时世界上最强大的军事力量,创造了以少胜多、守城抗战36年这一战争史上罕见的奇迹。

1259年,钓鱼城久攻不下,蒙哥大怒,命人筑台于脑顶坪上,以窥钓鱼城内情景,并亲临脑顶坪台下指挥,钓鱼城主将王坚下令炮击台楼,蒙哥受重伤,次日死于合州城下。蒙哥死后,忽必烈从鄂州撤军回草原争夺汗位,西征蒙古各军也纷纷撤归,由此阻止了蒙古铁骑伐宋的步伐,改变了欧亚大陆的历史进程,是世界历史的一个转折点。

攻略

在钓鱼城可以体验一次在宋朝集市买东西的感觉。钓鱼城内,有一条仿古街道,名叫宋街。宋街的建筑都是仿宋式建筑,街上的商贩很有意思,他们不仅身着古装,还会与游客互动,再加上青石板铺成的街道,仿佛穿越了一般,宋街上还有众多的美食可以品尝。

❶ 古军营

古军营坐南朝北,是原钓鱼城守军的驻所。整座军营由校场和营房两大部分组成,校场为圆形,面积达5800平方米,7幢营房排列于校场正南边缘,石墙青瓦,古色古香。

古军营前建有宽阔的跑马道,这是钓鱼城军民修筑的贯穿全城的军事交通命脉,遇有军情,守城部队可通过跑马道迅速到达战斗地点。钓鱼城跑马道遗址总长8.5千米,路面宽3.5米,可供"三马并进,五人并行"。

重庆郊区

❷ 护国门

护国门是钓鱼城八座城门中规模最大的一座，名列重庆十大标志性景观之一。护国门左倚悬崖绝壁，右临万丈深渊的嘉陵江，地势险要。城门洞高3.24米，宽2.45米，进深6.42米，门洞前题额"全蜀关键"四字。城台上为重檐歇山顶式城楼，高7米，上悬"护国门"门匾。

解说

当年钓鱼城军民曾在护国寺门前施以栈道出入，敌人来时，再迅速将栈道拆除，使通道断绝。宋蒙双方在这里经历了上百次惨烈的战斗，但此门一直未被攻破，不愧是"一夫当关，万夫莫开"的雄险之地。

❸ 护国寺

护国寺为唐代合州名僧石头和尚创建，南宋绍兴年间达到鼎盛，曾为合州的四大名刹之一，是唐宋时期驰名巴蜀的"石佛道场"。护国寺在元朝大德二年（1298年）毁于兵火，后历经明、清历代重建、维修，现在的护国寺是2005年维修后留下的清代建筑群。整个寺院的主体建筑由大山门、天王殿、大雄宝殿、药师佛殿、观音殿、祖师殿及僧房前后院组成。在护国寺院内还有一棵古桂树，栽植于南宋绍兴二十五年（1155年）思南宣慰田少卿捐资扩建护国寺之时。每当秋季开花，金黄万点，宜人的芳馨，弥漫古寺内外，素有"鱼城金桂飘天香"的美誉。

攻略

护国寺殿堂内以前遭到严重破坏的50余尊佛像已恢复并正式对外开放，这些佛像均为造型生动的石刻圆雕，高大精美，各具特色，一定不要错过。

Follow Me 重庆深度游

❹ 忠义祠

忠义祠，始建于明清时期，是钓鱼城重要的古建筑群。该祠占地4000多平方米，建筑面积2000多平方米。忠义祠正堂，"忠义千秋"的牌匾之下，陈列着钓鱼城守将余玠、冉琎、冉璞、王坚、张珏的长生牌位。忠义祠正堂左室，则供奉着王立、李德辉、熊耳夫人三人的长生牌位。现在的忠义祠，即按照清代光绪年间的格局布置陈列，庭院巨榕扶疏，给人以古朴、凝重之感。

解说

忠义祠最初叫"王张祠"，祭祀的是钓鱼城守将王坚、张珏。明末清初，祠宇毁于兵火，清代乾隆二十四年（1759年）重建，改名为"忠义祠"，增加了余玠、冉琎、冉璞的牌位。乾隆三十一年（1766年），合州吏目陈大文在忠义祠中增祭王立、熊耳夫人、李德辉，改祠为"功德祠"。清光绪七年（1881年），知州华国英再一次重修祠宇，将王立、李德辉、熊耳夫人牌位移于别室，恢复"忠义祠"原名。

❺ 悬空卧佛

悬空卧佛是创作于晚唐时期的一尊巨型石刻。卧佛在一尊悬空的崖壁上凿成，身长11米，肩宽2.2米，着双领下垂袈裟，头为高肉髻，两耳间距1.8米，赤足，双脚宽1.2米。它背北面南，头西脚东，面形丰满，端庄慈祥。整座卧佛雕刻精美，虽然没有世界闻名的大足石刻的卧佛之宏大，但其悬空雕刻成像亦堪称全国一绝。

海兰云天温泉
温泉度假区

微印象

@吹泡泡不错 这里的环境很好，吃了饭沿着湖散散步感觉非常清新，下次还会来的。

@天女散花 最近带小孩去，玩得非常尽兴。由于人少，我们一家人在室内游泳池游泳，很舒服。这里环境优雅干净，还有免费饮料和小吃，饿了还可以加餐。

门票和开放时间
门票：60元。
开放时间：11:00~23:00。

进入景区交通
地址：重庆市九龙坡区金凤镇海兰云天温泉度假风景区。

交通：

1.公交：乘坐293路区间车至海兰云天站下车，步行可达。

2.自驾：①走渝昆高速到含谷镇，转含龙路直达景区；②走赖白路到含谷镇，转含龙路直达景区；③成渝高速路含谷下道途经金凤镇至海兰云天。

景点星级
休闲★★★★★　特色★★★★　人文★★　美丽★★　浪漫★★　刺激★

Follow Me 重庆深度游

　　海兰云天风景区坐落在被誉为"九龙坡区后花园"的海兰湖畔，这里风景迷人，背靠白塔坪森林公园，植被丰富、空气清新、风景秀丽，独特的地理位置及幽雅的环境，堪称都市中心的"世外桃源"。

　　风景区内设有海琴酒店（四星级）、海韵宾馆（三星级）、温泉城、休闲运动中心。海兰云天温泉有大小泉池30个，包括独一无二的室内温泉池1个、冲浪池6个及大型温泉炕池1个，带临湖后花园的五星级包房8个及温泉别墅6幢。温泉城采用天然石、木材修建，环境优雅，绿树掩隐，氤氲四起，亭台流黄、长桥卧波。游客置身其间，仰视是蓝天白云、飞鸟不绝，远眺有青山叠翠、碧水清流，爽身悦心。

❶ 上邦高尔夫俱乐部

　　上邦高尔夫俱乐部现拥有一个18洞国际标准高尔夫球场。球场是极具挑战性的山地高尔夫球场，充分利用天然的峡谷地形，保持了原有的丘陵景观和茂密的自然植被，大量湖泊相互串联，121个沙坑点缀其间、星罗棋布，峰峦叠嶂、丘陵起伏、溪流环绕成为上邦球场的显著特征。

❷ 温泉城

　　海兰云天的温泉产自于缙云山脉，井口离这里只有1500米，井深3220米，日产4000立方米，水温达50℃，富含偏硅酸、锂、锶、碘、锌、硒、硼酸等多种物质，是疗养的好地方。

重庆郊区

❸ 海兰湖

海兰湖又名"龙潭湖",很多人一直认为海兰云天只是一个温泉城,反而忽略了这里的海兰湖。海兰湖水域面积约40万平方米,波光潋滟,景致幽雅,有"月白风轻,淡妆浓抹"的雅景,别有一番风味。环湖四顾,山色、森林、田园、村墅等分外清新俏丽,湖内三个半岛矗立湖央,恰似青龙互斗,水跃蛟龙;湖心岛上松柏葱郁,倒映平静湖面,偶有小船划破幽静湖面,胜似镶嵌画卷。山水之间,阁楼觞亭,宫阙台榭,使人赏心悦目。

攻略

风景迷人的海兰湖畔其实已经让人流连忘返,再加上完美的温泉洗浴,一连住上几天也是舒心的。而且这里还有独一无二的室内温泉池、冲浪池,带临湖后花园的五星级包房温泉别墅更是让人备感尊贵。闲暇之余置身其间,爽身悦心那是自然的。

Follow Me 重庆深度游

专题
重庆知名温泉

　　重庆拥有丰富的温泉资源，有着1600多年的温泉历史文化，有"世界温泉之都"的称，温泉旅游也是重庆旅游的重要名片。重庆著名温泉有老五泉——南温泉、统景温泉、北温泉、东温泉、西温泉，还有天赐温泉、海棠晓月圣地温泉、桥口坝温泉、海兰云天温泉等温泉。

南温泉
　　南温泉为新"巴渝十二景"之一，位于巴南区南泉镇花溪河畔，山、水、泉、林、洞、瀑皆具，独具特色的温泉和蜿蜒而过的花溪河组成优美的自然景观。园内还有多处抗战文化遗址。

统景温泉
　　统景温泉位于渝北统景风景区内，统景峡边，有"统景温泉甲天下"之美称。
　　统景有天然温泉25处。水温20℃~30℃，最高达62℃，泉水日涌量3万吨。水质属硫酸钙矿泉类，富含锶、氟、锂、氢、氡、硫酸钙、偏硅酸等，其中锶的含量达15.91毫克/升。

北温泉
　　北温泉位于北碚区雄伟的缙云山麓和美丽的嘉陵江畔，初建于南朝刘宋年间，重建于明代。1927年，著名爱国实业家卢作孚于此创办嘉陵江温泉公园，后更名为重庆北温泉公园。
　　园内有温泉泉眼10处，泉水日流量5675吨，水温35℃~37℃，属弱碱性硫酸型矿泉。北温泉除有充足的温泉水外，还有乳花洞和各种独特的植物资源。

重庆郊区

东温泉
东温泉位于巴南区五步江畔，内有大小泉眼48处，主泉日流量约1229吨。热洞尤为奇特，洞中水常年保持40℃水温，系碳硫性、热医疗效用明显的优质矿泉水，被赞为亚洲奇观——天然桑拿浴，同时人文景观也十分丰富。

西温泉
西温泉位于重庆市铜梁县西泉山谷中，是老五泉中海拔最高的，也是最适宜夏季避暑的。这里风景清幽，不仅有群山叠峰、陡崖峭壁，还有茂林修竹、历史遗迹等。

天赐温泉
天赐温泉位于九龙坡区，是重庆市高品位温泉休闲度假旅游区。温泉区内花木扶疏，竹林掩映，有露天及室内温泉100多处，有各式泡池几十处，且池池特色不同。园内设有风车、竹长廊、鸽亭等休闲观光游览景点十余处。

海棠晓月圣地温泉
海棠晓月圣地温泉建在古巴渝十二景之一"海棠烟雨"旧址上，位于著名的"重庆外滩"南滨路（南岸区），环境优美，交通便利，是位于重庆市区的温泉休闲度假胜地。区内不仅可享受常规温泉，还可体验低温理疗、亚健康复调理等专业理疗服务。

桥口坝温泉
桥口坝温泉位于巴南区百节镇和一品镇之间，拥有泉眼多处，景区山清水秀、竹修林茂、泉多洞奇、环境清幽。

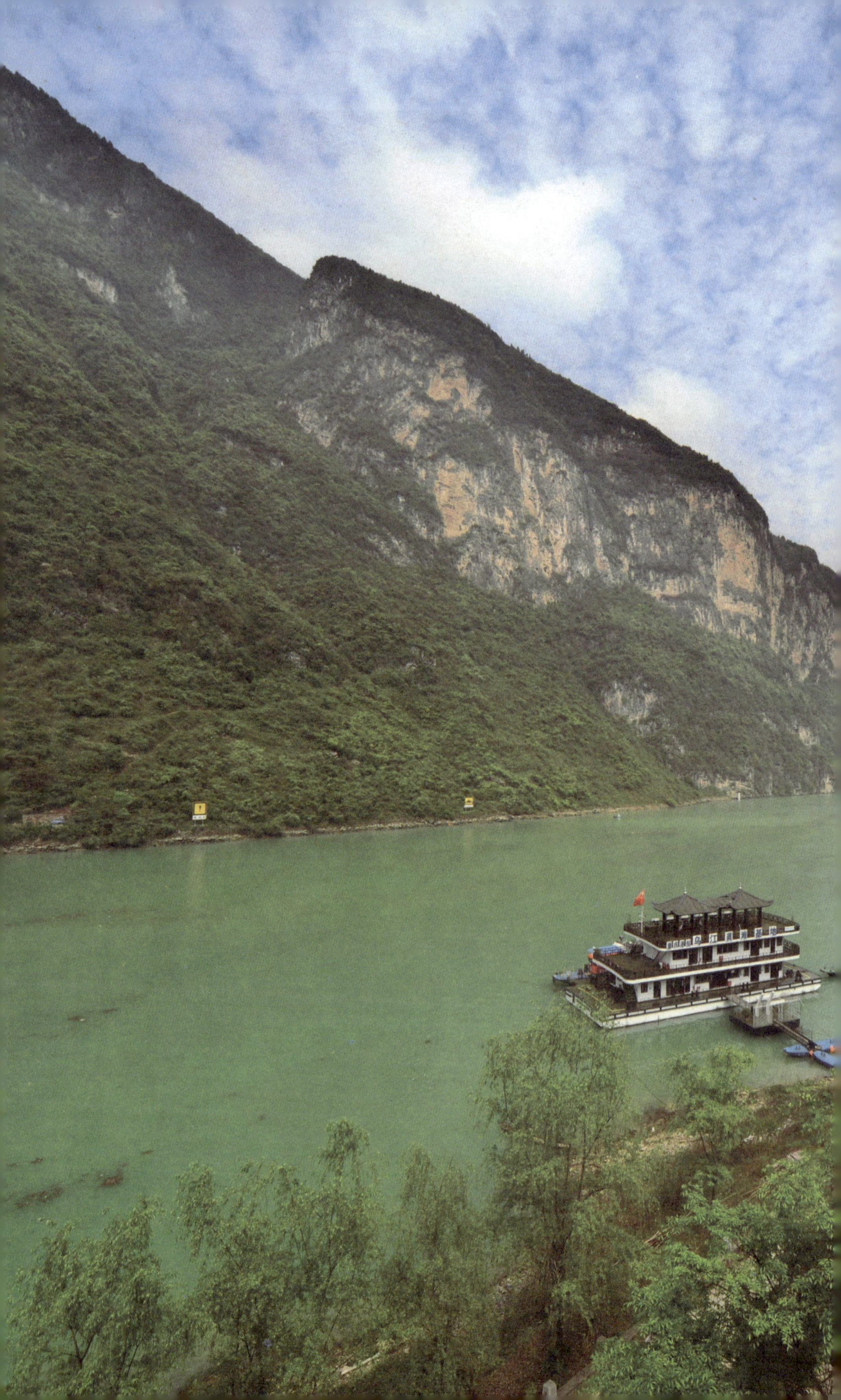

第3章
古镇旅游

磁器口古镇
涞滩古镇
龚滩古镇
安居古城
长寿古镇

重庆深度游
Follow Me
慢旅行的好导家

磁器口古镇
千年古镇　重庆缩影

微印象

@笨小孩 重庆有名的古镇，里面有家黔江鸡杂很好吃，基本都是口碑相传，外地人来重庆必去之地。有名土特产：陈麻花，只不过要排很久才能买到。

@十八岁的天空 我最喜欢吃这里的羊肉串、酸辣粉，真心不错，麻花不敢去买了，排队时间很久。

门票和开放时间
门票：免费开放。
开放时间：全天开放。

最佳旅游时间
四季皆宜，建议错开法定节假日。

进入景区交通
位置：重庆市沙坪坝区嘉陵江畔。
交通：乘轨道交通1号线在磁器口站下车。

景点星级
特色★★★★★　　人文★★★★★　　休闲★★★★★　　美丽★★★★　　浪漫★★　　刺激★

古镇旅游

磁器口古镇是重庆二十多个古镇中唯一坐落于主城区的。磁器口古镇原名龙隐镇，因出产瓷器而得名。1918年，当地商户在青草坡创建了"蜀瓷厂"，并开始用新工艺生产瓷器。蜀瓷质地良好、品种繁多，随着名气的变大，磁器口之称渐渐取代了龙隐镇而成为该地的新地名。

磁器口古镇共有12条街巷，建筑大多是明清风格，地面以青石铺就，因此"一条石板路，千年瓷器口"是古镇的真实写照。由于山城重庆地形的缘故，古镇的街道分为有重庆特色的正街和横街。沿街各色店铺众多，棉花糖、捏面人、川剧表演、茶馆，林林总总，目不暇接。作为嘉陵江边重要的水陆码头，磁器口曾经"白日里千人拱手，入夜后万盏明灯"，繁盛一时，被誉为"小重庆"。那千年不变的浓郁淳朴的古风，承载着巴渝文化的厚重，依然在嘉陵江边延续着。

亲子研学

磁器口"三多"

古镇磁器口，最令当地人自豪的是古镇昔有的"三多"：

庙宇多：在磁器口，几乎所有的人都知道"九宫十八庙"之说，宝轮寺、云顶寺、文昌宫……不一而足。在小巷穿行，只要发现残墙断垣，打听之后准会得到"这里原来是个庙子"的感叹。现在得以保存下来且较完好的只有川东名寺——宝轮寺。

名人足迹多：抗战时期，国学大师吴宓在这里任教，偶尔会到镇中心的茶馆去坐坐，一边品茶，一边与茶客摆摆"龙门阵"，了解民情与社会。诺贝尔物理学奖获得者丁肇中，也曾就读于磁器口正街宝善宫内的嘉陵小学。磁器口还聚集了徐悲鸿、丰子恺、宗白华等众多知名美术家及美学家的身影。

茶馆多：茶馆是古镇最有特色的一景，昔日的古镇，随处可见茶馆，水手、袍哥大爷等都喜爱出入此间。陪都期间，小镇茶馆就达100多个。其特色是"书场茶馆"，又称艺人茶馆，是品茗欣赏民间艺术的地方。直到如今，茶馆仍是磁器口一景，百来米长的老街便有13家茶馆，家家茶客满座，古风犹存。

延伸 沙磁文化

抗日战争时期，国民政府内迁重庆，随之而来的许多文化界人士也在重庆暂居。他们集中居住于重庆的沙坪坝、磁器口两镇。而在这段特定的历史背景下，迁居重庆的文化人中所产生的一种文化就叫作沙磁文化。

沙磁文化区由重庆大学前校长胡庶华极力倡导。1938年2月6日，沙磁文化区在重庆大学宣告成立，并于1938年3月30日正式成立了"沙坪坝文化区自治委员会"。

沙坪坝区政府宣布从2008年开始，将每年的3月30日定为沙磁文化日。

Follow Me 重庆深度游

❶ 韩子栋纪念室

韩子栋是《红岩》中"华子良"的原型，纪念室里详尽地展示了"华子良"原型韩子栋富有传奇色彩的一生经历。

该馆分为"辗转关押十四载——地狱烈火炼丹心""身陷囹圄心向党——虎口脱险写传奇""重返息烽和重庆——无限深情祭英烈""渡尽劫波兄弟在——相逢一笑泯恩仇""老骥伏枥志千里——宣传红岩育后人""清白家风遗后世——和谐家庭树楷模""沙坪坝人对革命老人的怀念"七个部分，陈列展示主要以图片为主，并辅以部分实物和文字说明。

亲子研学

韩子栋小传

韩子栋（1908—1992年），山东阳谷人，在长达14年的监狱生活中，他不惜牺牲人格，忍受各种非人屈辱，装扮成精神病人，成功骗过了监狱中的看守特务，使其放松警惕，于1947年8月成功渡过嘉陵江奔向解放区而脱险。

中华人民共和国成立后，韩子栋曾多次来磁器口，向人们讲述当年的脱逃经历。也曾多次赴歌乐山烈士陵园凭吊先烈，控诉刽子手的血腥罪行。他的传奇一生曾被写成多种文学作品并被拍成电视影片。

❷ 翰林旧居

磁器口古镇的丁字路口原有一个翰林院，现在改成了翰林茶院。清末有一孙姓人家在这里办学授课，在这里读书的学子有三个中了举人，另外有两个学生黄钟音、段大章进士及第，授予翰林院编修，故有"一门三举子，五里两翰林"之说，是许多学子向往的地方。房屋现保存中院，内庭有小拜月台，是当年主人举行家庭祭的地方。如今这里已是喝茶闲谈的好去处。

点赞 👍 @北京土妞 在这么有文化内涵的地方品茶真是太舒服了，据说这里以前是个书院，出过几位翰林学士，连我这个平时毛手毛脚的人，今天也不由得文雅起来。

❸ 民俗文化村

民俗文化村坐落于马鞍山上，是磁器口最高点。在观景台上可遥望嘉陵江风貌及江北风采，且可鸟瞰磁器口全貌。"醉翁亭""睡佛""藏宝斋"等景点值得一看。在民俗文化村还可以听听川剧、坐花轿、下围棋、打牌，别有一番惬意。

点赞 👍 @春色满园 在参天古树下，支上一只小圆桌，摆上两把老藤椅，泡上一壶老荫茶，悠闲自在地看古镇老房子，观古镇老戏剧，摆点古镇老龙门阵……到了吃饭的时候，再翻翻古镇的老菜谱，点几个老菜，过上一天老古镇人的生活。

❹ 宝善宫

宝善宫毗邻民俗文化村，之间仅间隔几个店铺，古镇一带曾盛产瓷器，依靠码头，转运远销，成为繁忙的瓷器转运口岸，"磁器口"因而得名。如今的宝善宫仍然以现做陶瓷而成名。观赏陶器制作过程，现场学习陶器古玩，悠然喝茶听川剧，已成为古镇旅游的一大亮点。

古镇旅游

磁器口古镇示意图

103

Follow Me 重庆深度游

❺ 宝轮寺

　　宝轮寺背依白岩山，面对嘉陵江，建于宋真宗咸平年间，至今已有1000多年的历史，为重庆市最负盛名的佛教名刹之一。传说建文帝朱允炆在"靖难之役"后辗转流落到磁器口避难时，曾在此隐居，因此这里又称为龙隐寺。宝轮寺在明朝曾有两次大修，可惜在明末毁于战火，只有大雄宝殿至今保存完好。

　　大雄宝殿建于明宣德七年（1432年），占地面积近400平方米，建筑面积约250平方米，面阔三间，重檐歇山式。上下两檐均施斗拱，角檐翘升，大殿采用一人不能合抱的马桑木做木柱穿斗支撑。屋顶由黄釉筒瓦覆盖，饰脊兽。整个大殿的木柱穿斗没有用一颗铁钉，现在是重庆市重点保护文物。

攻略

　　宝轮寺对面有条通向嘉陵江水码头的小巷，巷子里有个纤夫文化展览馆，展示的是老磁器口纤夫的拉纤生活。

❻ 文昌宫与巴渝民居馆

　　从凤凰阁往北走，经金碧桥后可见凤凰廊，向左即是巴渝民居馆，向右则可抵文昌宫。

　　文昌宫磁器口辖区是九宫十八庙的圣地。香火最旺的庙子数宝轮寺，道观中最热闹的就是文昌宫。磁器口民谣"歌乐灵音寺，龙隐凤凰台，渠涪文昌水，石马桂花香"。

　　巴渝民居馆浓缩了古镇建筑的精髓，让人穿越时空的阻隔，走进追忆的长廊，感受木、石、砖的建构，以及围合院落里独有的宁静。

古镇旅游

攻略

美食 | 饕餮一族新发现

据说来到磁器口的人，更多的是被这里诱人的小吃所吸引。被誉为"古镇三宝"的毛血旺、千张皮、椒盐花生等特色饮食享誉四方。而古镇麻花更是首要推荐的美味小吃。古镇陈麻花早在清朝末年就凭借其独特的口味在巴渝大地流传开来，因其选料上乘，手工精制，具有香甜酥脆、入口化渣的特点，深受人们喜爱。

住宿 | 驴友力荐的住宿地

磁器口古镇位于主城区，距沙坪坝区中心仅3千米，距解放碑仅12千米，可游览完后返回市区住宿。当然，若想在古镇观看夜景，可留宿一晚，古镇内也有幽静古朴的客栈可供住宿。

慢生活咖啡客栈：位于磁器口横街16号，与宝轮寺相隔，装修风格温馨简约。从客栈到宝善宫、钟家大院、华子良脱险处、宝轮寺、水观音等景点，步行只需几分钟。

重庆古磁客栈：位于磁器口南街2号2楼，离钟家大院很近，逛古镇非常方便，老板娘待人很热情，性价比较高。

娱乐 | 城市魅力深体验

寄明信片：古镇是寄明信片的好地方，如果你喜欢或者要写明信片一定要在磁器口完成。不然可能你跑遍整个重庆都买不到你想要的明信片。位于横街的思念的素颜是很文艺的一家特色明信片主题馆，这里可以寄明信片给未来的自己。

逛文艺小店：磁器口石板路走着非常有感觉，这里更是文艺店的聚集地，各种古典或小清新的店都有，是文艺青年的好去处。古镇横街的懒鱼时光馆融合了老重庆的浓墨重彩和现代小清新气息，喜爱文艺小店的你一定不能错过。

喝茶看川剧：古镇街边有不少茶馆，找一家坐坐，喝茶的同时，还有机会欣赏到当地的民间艺术，如川剧坐唱、四川清音等。转运楼老茶馆戏院里面有川剧，演绎的都是民间故事，还有变脸，如果有时间去坐一坐呷几口茶倒是别有一番感觉。

泡吧：古镇有不少酒吧，找个清酒吧坐坐，可静静感受古镇的慢生活。磁器口横街16号宝轮寺大门正对面的等一个人百乐吧，装修比较复古，有民谣，还有老板自酿的梅子酒，很适合文艺青年前往。

涞滩古镇

一夫当关 万夫莫开

微印象

@青青小镇 涞滩古镇尽管不大，但镇内唐代寺庙、宋代石刻、明清老街、清代瓮城保存完好，错落有致的木结构小青瓦建筑群和镇外渠江两岸的美丽田园给人以山乡的宁静感觉。

@周末去散心 踏上青石铺成的小街是最惬意的，宁静的小镇早已没了往日的喧嚣，留下的是一段耐人寻味的往事。

门票和开放时间

门票：进门免费，古镇内有几个景点要单独售票。
开放时间：全天开放。

进入景区交通

位置：重庆市合川区涞滩镇。
交通：
1.公交：重庆菜园坝汽车站每天有发往合川的班车，在合川汽车站乘坐到涞滩的车即可。
2.自驾：市内可从北环立交桥上渝武高速走合川方向，在云门闸口出。出来顺路前行，到丁字路口左转往龙市方向走，再到龙市收费站前200米处右转往涞滩古镇方向可达。

景点星级

特色★★★★★　人文★★★★　美丽★★★　休闲★★★　浪漫★★　刺激★

古镇旅游

　　涞滩古镇原名涞滩古寨，地处合川渠江西岸的鹫峰山上，是中国首批"最美的村镇"之一。涞滩古镇分上场与下场，其间相隔咫尺，形似兄妹，一高一低，一上一下，一刚一柔，互为照应。

　　古镇现有清代嘉庆年间建的御敌"瓮城"、明代牌坊、文昌宫戏楼、古寨民居等景点。这里自然风光优美，民居高低错落，基本上保持了明清时代的原始风貌，古朴典雅，宁静安详，步入其中，处处给人返璞归真的感觉。

解说　涞滩新八景

独树东门： 古城东门城墙残存了一个圆拱形洞，之上有一大黄桷树，高约20米，枝繁叶茂，树根将古寨门牢牢抱住，历经百年不倒，如同一只参天的佛手。2001年树干被大风吹断，老树仅剩下半截树干。

双塔迎舟： 二佛寺左前侧的鹫峰山巅，耸立着两座清代高僧的舍利塔，紧邻渠江，双塔一大一小，一前一后相互对应，为七层六面玲珑宝塔，用涞滩产的青石垒砌而成，其上雕刻铭文和精美的图案。山下渠江中过往船只远望塔影，景随舟移。

修竹戏石： 古刹外怪石成群，楠竹林立，微风吹拂下，竹子左右摇曳，怪石时隐时现，一静一动，别有一番情趣。

鹫峰云霞： 每到春冬两季，清晨的鹫峰山，云海茫茫，浩渺幽深，云涛流动，鹫峰山时隐时现，恍若仙境。霞光初升，与茫茫的云海交融在一起，粲然可观，火红的云霞，点染鹫峰的翠浪，浮动变幻，气象万千。

龙洞清泉： 在二佛寺下殿右侧有一天然的洞穴，洞可容纳百余人。这里冬暖夏凉，深处有一股清泉缓缓流出，四季不竭。流在水池里的泉水叮咚有声，清澈透底。如遇晴天，阳光照射，云蒸霞蔚，形成了独特的洞天景观。

佛岩仙迹： 在鹫峰山上的崖壁上，雕刻有大大小小数以千计的佛、菩萨、罗汉。这些造像立、行、坐、卧、喜、怒、哀、乐，各具神态，栩栩如生，雕刻工艺精湛，有如鬼斧神工。佛山胜迹，历史悠久，远近闻名。

瓮城八门： 在古镇西面，原来只有一道寨门，清同治元年（1862年），加筑半圆形的瓮城，形成四明四暗八道城门。

长岩巨洞： 古镇西侧有一巨洞，当地人称为长岩洞，也叫巴人洞。洞高40米，宽约80米，深约30米，面积约200平方米。洞中扑朔迷离，令人惊奇。

❶ 二佛寺

　　二佛寺分为上殿和下殿。上殿位于鹫峰山顶，分三个殿层。沿中轴线上依次为山门、玉皇殿、大雄宝殿（佛爷正殿）和观音殿，左右分设社仓、禅房等建筑，呈四合院布局，尤其是大雄宝殿，殿堂正中原来的三尊泥塑金身的主佛高5米，栩栩如生。两侧泥塑颜身的十八罗汉神态各异，活灵活现。可惜，寺内文物曾惨遭破坏。大雄宝殿内四根石柱高约13米，由整条巨石制成，挺拔壮观，让人敬畏，堪称历代建筑一绝。山门牌坊的石刻浮雕，玲珑精美，是难得的历史文化精品。

　　下殿濒临渠江，是依鹫峰山崖建造的两楼一底

107

殿堂，檐拱翼着，势若飞动。而依山的摩崖石刻群，始雕于南宋，是我国第三石刻艺术高潮的代表作，总计有42龛窟，1700余尊造像。其中最大尊释迦牟尼佛像通高12.5米，依岩镌凿，被称为"蜀中第二佛"（寺名也源于此）。

解说　"二佛"由来

二佛寺是古镇中香火很旺的寺院，之所以叫二佛寺，并不是因为寺里有两个佛，而是因为四川有个世人皆知的乐山大佛，这里不敢再柱自为大，因此称二佛。其实寺院里确实有一尊佛像，高约20米，寺院建于清咸丰年间，当时此佛像是否为四川乃至中国的第二大佛就不得而知了。值得一提的是二佛寺的寺院门口，原是一块完整的大石头，这么被硬生生地劈开，很是霸气。

❷ 文昌宫

文昌宫始建于清咸丰年间，是一座采用文庙规制与道教宫规相结合的四合院组群建筑。整个文昌宫由戏院、大成殿及左右厢房组成，中间有一长方形青石板院坝。如今，其主体建筑尚存，保存有两层的木建古戏楼，戏楼坐南朝北，平台外檐雕刻的是一组长8米、高约30厘米的精美高浮木雕，反映了三国的戏曲故事，艺术价值极高。院北是一座较大的房子，正面没有门窗，只有两根大柱子支撑着房屋前面的结构。道观坐西朝东，三面环山，一面临水，有三清殿、玉皇殿、灵官殿、元辰殿、慈航殿、财神殿共六大殿堂。景区于1998年重修，正焕发出新的活力。

❸ 瓮城

涞滩瓮城作为石筑古瓮城的代表作，整个瓮城呈半圆形，长约40米，半径约为30米，设有八道城门。瓮城建于清同治元年（1862年），是目前重庆地区唯一完好的军事防御性堡垒建筑，具有很高的历史、艺术、科学和鉴赏价值。进入瓮城，城门南北各有一道侧门，瓮城内设有藏兵洞四个，城中城的设计巧夺天工，什么叫"瓮中捉鳖"，古瓮城就是最好的说明。

古镇旅游

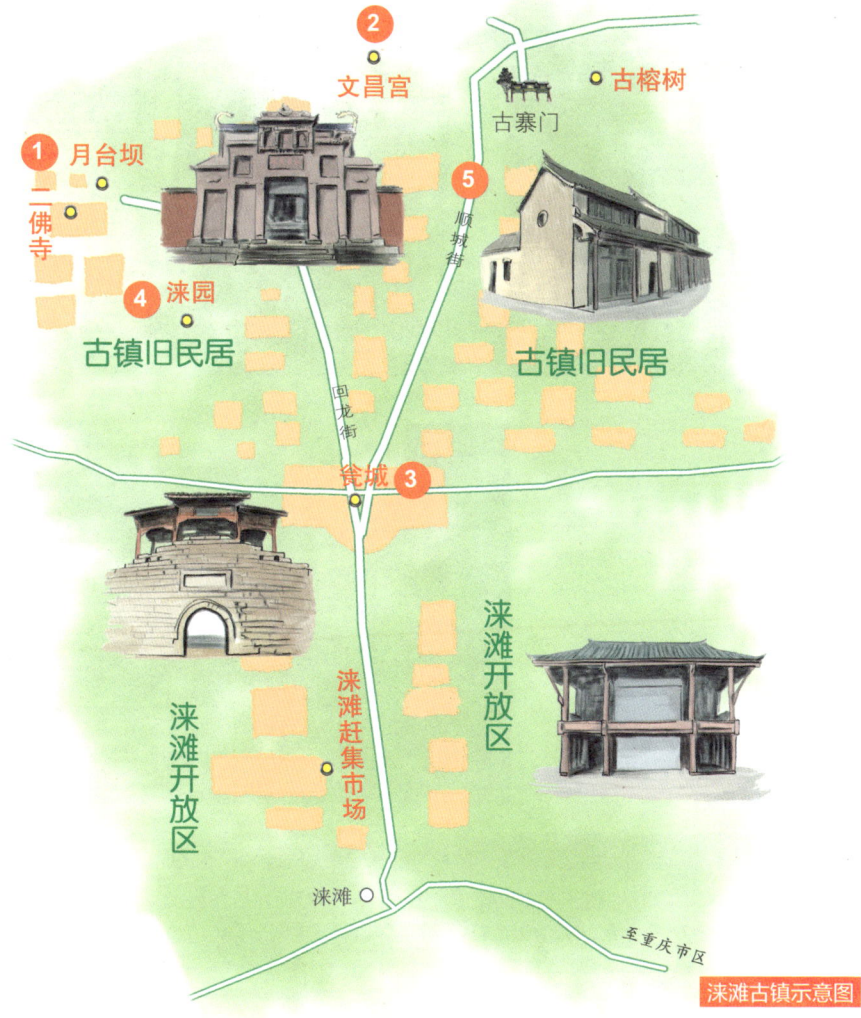

① 二佛寺　月台坝
② 文昌宫
③ 瓮城
④ 涞园
⑤ 顺城街

古寨门　古榕树

古镇旧民居

回龙街

涞滩开放区
涞滩赶集市场
涞滩开放区

涞滩

至重庆市区

涞滩古镇示意图

109

Follow Me 重庆深度游

❹ 涞园

　　涞园原名塔林公园，占地3万多平方米，由舍利塔墓葬区、石雕艺术区和钓鱼半岛休闲区三大主题区域共同组成。

　　舍利塔墓葬区：是原二佛寺住持圆寂后安葬之地，现仍保存有2座高约8米的舍利塔，与潆潆渠江水交相辉映，构成著名的"涞滩八景"中一景——"双塔迎舟"。

　　石雕艺术区：由生肖园和孝德园两大主题雕塑群构成。生肖园延续涞滩古镇石刻文化的历史传承，由中国古代流传至今的12生肖方位学说衍生而来，每个生肖石像通高2米；孝德园以中国五千年"孝道"文化为背景，竖立"孝德石碑"，倡导社会尊老尽孝。

　　钓鱼半岛休闲区：建立在对原城墙及仙女桥水渠综合整治的基础之上，形成半湖半岛的休闲带，湖边设置了数个钓鱼亭，用于休闲垂钓，半岛内侧利用18个城楼洞改造成休闲茶座，每个楼洞约6平方米，供游客休憩、品茗。

❺ 顺城街

　　顺城街是贯穿涞滩古镇整个城寨的主要街道，长约300米，与二佛巷相交。历史上涞滩以顺城街为中心形成商业集市，街道两边商铺店家比比皆是，每逢赶集日，街道上都挤满了来赶集的人，热闹非凡。

　　涞滩古镇自古有"三宫十八庙"之说，顺城街东西两侧各有一组寺庙建筑群，可惜年代久远，破坏严重，只剩下残垣断壁，供后人缅怀。

攻略

　　在涞滩可坐船走水路至小沔镇，在船上呼吸江风，欣赏江边美景。在涞滩与小沔镇交会处，有一处集各种民俗文化体验于一体的天龙谷旅游度假区，可以顺道玩玩。从小沔镇还可以很方便地到三江镇，三江镇有处原生态的石林，可以顺路瞧瞧，之后从三江镇到北碚区再到重庆也相当便捷。

古镇旅游

攻略

美食 饕餮一族新发现

来到古镇，可以在渠江边的渔家品尝渠江鲜鱼。渠江水湍急、清澈，是嘉陵江的一条较大的支流，水中多河鱼，流传着"到涞滩不吃渠江鱼，枉去涞滩转一遭"之说。另外可以在镇上试试当地的米酒，合川肉片也是很有名的川菜。

住宿 驴友力荐的住宿地

由于古镇开发度不高，在这里住宿的游客较少，因此住宿选择性少，条件也一般。可选择农家乐蒙打鱼渔家乐，位于合川区 涞滩古镇农业银行附近。

娱乐 城市魅力深体验

涞滩禅宗文化节：以涞滩独有的佛教禅宗文化背景为主线，以大型佛教主题灯会为载体，以当地传统的民俗活动为补充，将元旦、腊八、春节、元宵四大节日串联，展现出一场内容丰富的旅游年会。届时有开幕式、佛教主题灯会、腊八诵经祈福法会、佛教主题书画用特色商品展销、张灯结彩闹元宵和新春喜乐会等活动。

购物 又玩又买嗨翻天

涞滩古镇出产仙人掌酒、仙人掌面、合川桃片等，都很有名。最重要的是，一定要买一块餐馆灶上的腊肉，把美味带回家。

111

龚滩古镇
乌江画廊上的璀璨明珠

微印象

@公主海伦 这里风景比较漂亮，能够看到碧绿的江水，夏天晚上在江边的客栈上吹着江风，十分惬意。

@粉红色的梦 这里沿江一排有很多客栈，都是木质楼房。如果要逛的话两个小时就能逛完，不过坐在靠江的阳台上喝茶聊天还是很惬意的。

门票和开放时间
门票：15元。
开放时间：全天开放。

进入景区交通
位置：重庆市酉阳县龚滩古镇。
交通：从重庆四公里汽车站乘坐大巴车至酉阳城北汽车站，换乘中巴车到龚滩景区；从重庆龙头寺汽车站乘坐大巴车到彭水新汽车站，然后坐出租车到彭水老汽车站，再乘坐中巴车到龚滩景区。

景点星级
特色★★★★★　美丽★★★★★　人文★★★★　休闲★★★　浪漫★★　刺激★

古镇旅游

龚滩古镇坐落于乌江与阿蓬江交汇处的乌江东岸，是一座具有1800多年历史的古镇。龚滩水陆交通便利，自古以来即是川（渝）、黔、湘、鄂客货中转站，素有"钱龚滩"之美誉。它融山、水、建筑为一体，以独特的山水环境而闻名，被誉为"乌江画廊上的璀璨明珠"。

古镇现存长约3千米的石板街、150余堵别具一格的封火墙、200多个古朴幽静的四合院、50多座形态各异的吊脚楼，独具地方特色，是国内保存完好且颇具规模的明清建筑群。后因修建乌江彭水电站，龚滩古镇已全镇整体搬迁。

链接　"龚滩"之名的由来

据史书记载，明万历元年（1573年），酉阳山洪暴发，凤凰山垮岩，堵塞乌江河道而形成陡滩。为什么要取名为"龚滩"呢？有人说，是因为从前前来定居的人，姓龚的人特别多，而且是望族，加上水流湍急，所以最早叫作"龚湍"时间长了，就逐渐演变成了"龚滩"。

也有人说，无论过去和现在，这里姓龚的人家都不多，显然龚滩不是以姓氏命名，而是对"龚"字另有解释："龚者大也"，所以龚滩就是大滩。

解说　古镇迁移

随着乌江水库的建设，老龚滩古镇已经于2007年被整体拆除搬迁，现在在小银滩看到的是新龚滩古镇，距原古镇1.2千米。由于原貌原格局复建，房屋位置不变、主人不变、邻居不变，因此，该工程被誉为"天下第一搬"。

Follow Me 重庆深度游

❶ 桥重桥

桥重桥是桥中名桥，有"不知桥重桥，不是龚滩人"之说。桥重桥是由两座桥重叠成的一座小拱桥，从下面的桥走到上面的桥只有几步石梯，两桥错落有致，弧形优美，气韵流动而不呆滞，桥体并置而不单调，实乃佳偶天成，颇具浪漫情调。这种桥上叠桥的桥，是龚滩独有的。

链接

龚滩多沟，桥是古镇的一道独特的风景线，有卷拱桥、平板桥、桥重桥、屋架桥、大桥包小桥等。在一条顺岩壁而下的溪流上竟架了18座桥，当地人称"一沟十八桥"。

❷ 川主庙

川主庙供奉的是李冰。李冰修建都江堰，使川西平原富庶起来。相传当时都江堰中有孽龙，兴风作浪祸害人民，被李冰降伏保得四方安宁，因此四川境内各水域均设庙塑像，祭祀供奉。

❸ 西秦会馆

古镇上面最气派的建筑莫过于"西秦会馆"，始建于清光绪年间。这里曾经是龚滩人祈福、看戏的地方。高墙大院，内设正殿、偏殿、耳房、戏楼，雕梁画栋，历经数百年沧桑，几经连街大火仍幸存至今，着实难得，可是时间的流逝在它身上打下了深深的烙印。

门上的横匾变成了"为人民服务"，石雕的门联也已经被凿掉，只剩下"伤疤"一般的窟窿。楼梯残破不全，依稀可辨的是上面曾经富贵的枣红漆。戏台上的墙壁上还有精美的观音菩萨壁画，观音的神态还是如同当年一样庄严雍容。

点赞 👍 **@小花** 这座清光绪年间陕西盐商张朋九出资修建的"西秦会馆"十分气派。石砌的大门，高高的院墙，精美的檐角雕刻，彰显出会馆当年的繁华，让人忍不住想起昔日商贾云集、秦腔吼唱的热闹景象。

龚滩古镇示意图

古镇旅游

❹ 青石板老街

龚滩古镇的另一奇绝是一条长达两千米的青石板老街，一年年一代代被赤脚、草鞋、布鞋、胶鞋、皮鞋踏磨得光滑玉润。青石板街居然可坐、可行、可卧而无须担忧一身尘土。走在这绝无车马喧哗的石板路上，其间有摩崖石刻"第一关"、七百余年的"四方井"，一种悠远古朴的历史回归感和传统文化的浸润感油然而生。

解说　封火墙

如今镇上还能见到飞檐翘角的封火墙。封火墙的主要功能是防止火情扩张，当火灾发生时，它就能有效地阻断火势。现在全国有棱有型的封火墙都已经不多见了。

亲子研学

吊脚楼

长约两千米的青石板街和支撑于乱石悬崖的纯木吊脚楼是龚滩古镇两大建筑特色，被有关专家赞为"建筑艺术上的奇葩"，是多家影视剧创作拍摄基地，国画大师吴冠中的《老街》便产生于此。

龚滩吊脚楼从南宋一直修到1963年，吊脚楼全系木料支撑、穿斗而成的梁架结构，四五根粗木捆成的楼柱子，数块木板拼成的地板、墙壁。屋高三五丈许，二至三层，木楼梯上下。屋的一面是紧靠街的店面，另外三面悬空，靠木柱子支撑的"楼"，楼下堆货，楼上住人，四周铺设走廊，从下往上看，颇有几分"空中楼阁"的气势，不远处是哗哗流淌的乌江水，这也是典型的土家族建筑。

龚滩的吊脚楼色彩对比并不很分明，远远望去，只是一片瓦顶褐墙。它们需近看，因为木料用得多，所以其以雕功见长。稍大一点的人家，花窗阁楼，都有风格各异的雕刻。人字形的屋檐也并不舒展外延，而是小巧内敛，透着别致与细腻。

古镇吊脚楼的一切都与背山临水的地形协调而自然，在如此艰难狭小的地方，腾移闪挪，施展小巧功夫，将一片山腰绝对用到了极致。同时还颇含艺术与文化品位，如西望牛郎山的织女楼、数吨重的鸳鸯楼、亭台楼阁式的绣花楼等，著名画家吴冠中称赞为"琼楼玉宇"。

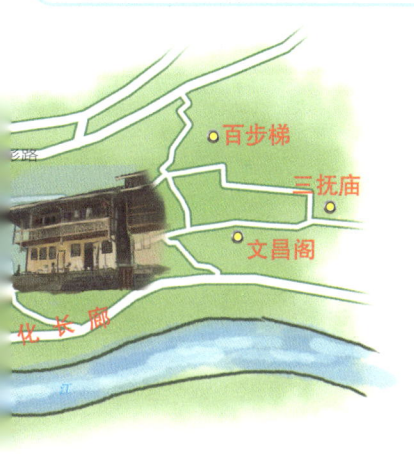

百步梯
三抚庙
文昌阁

❺ 董家祠堂

董家祠堂为董氏宗族合资修建的一所祠堂。从老街上几层石梯，迈进很高的石门槛，里面为四合天井，正对面为正殿，均为古老木质框架。董家祠堂以前是董氏家族最高权威的凝聚地——犯族规人的受罚地、商议大事的议事堂、历代族长的灵位供奉地。

115

Follow Me 重庆深度游

❻ 冉家院子

冉家院子已经有 400 多年历史，是雍正年间土司冉慎之的居所，整个院子是一个小小的土司文化博物馆。室内有一天井，堂屋摆放着许多陈年旧物，古钱币、青花陶瓷、铜器应有尽有，让你充分领略古代有钱人家的阔绰。顺着窄小木梯步入昔日闺房，精致细腻的木雕、摆设让人惊叹。

链接　乌江百里画廊

乌江是长江在三峡段最长的支流，在重庆境内形成了一个的天然山水画廊。夹石峡、黎芝峡、银童峡、土坨峡、王坨峡这5个峡长达89千米，峡谷风光自成一体，有"乌江百里画廊"之称。

乌江诸峡既和谐统一，又各具特色。夹石峡高山齐云，蓝天一线，峡风呼啸，江涛逼人；黎芝峡妩媚多姿，美女峰、天门石、草帽石、佛指山神情酷似，景观多而奇美，为诸峡之冠；银童峡顽皮刁钻，左右高山不时横截江面，峰回路转，山重水复，船行其间如进迷宫，令人迷惘；土坨峡山高、水深、谷幽，奇峰峻岭间，有成片竹林，参天古树，群兽竞美，百鸟争鸣，能见到长江三峡早已绝迹的猴群，它们或攀藤附葛，临江戏水，声声长啼，或对船推石惊吓游客，游憩于树枝石墩摇首弄腿，十分调皮；王坨峡江面时宽时窄，江流时急时缓，两岸林木葱郁，竹影摇曳，数里外可见到温泉袅袅升腾飘拂的白雾。乌江两岸沿途除古镇等人文景观外，还有摩围山（重庆茂云山国家森林公园）等自然景点。

攻　略

景区交通　游遍景区不犯愁

重庆、涪陵、彭水有直达龚滩的快艇，黔江、酉阳已开通到龚滩的旅游专线。景区内交通以乌江航运为主，现有电瓶飞船、舢板船、机动船等运输工具，还有人工抬轿、骑自行车、骑牛等特色交通。

古镇旅游

美食　饕餮一族新发现

龚滩附近住的大多是土家族，饮食上很有地方特色，口味偏酸、辛、辣，土家腊肉、麻旺鸭、荞麦糍粑、龚滩酿豆腐、龚滩绿豆粉等都是当地人最有名的美食。

值得推荐的有四方居客栈，吃饭住宿都可以一并解决。推荐乌江鱼、河虾、渣海椒炒肉，味道一绝。

住宿　驴友力荐的住宿地

古镇住宿多为民居，环境一般，但江景房的美景足以弥补住宿条件的不足，夏家院子、龚滩巴适客栈、小摊子客栈等都是很不错的选择，对环境要求较高的可以选择仁义酒店。需注意的是整个古镇在22:00左右会停止供水，要提前洗漱。

唐街客栈：客栈位于古镇环山步游道，临江而建，视野开阔，满目青山绿水，周边环境优美，房间布局温馨典雅。客栈因位于临江制高点，可俯瞰古镇两端及乌江画廊美景，很值得推荐。

酉阳水泊人家客栈：是龚滩古镇南门停车场入口的第一家，坐在阳台上可以看到乌江画廊的自然山水画，视野开阔，景观绝佳。客栈提供餐饮和游玩服务，可以找老板预订景区门票。

娱乐　城市魅力深体验

龚滩人的生活方式如同建筑遗留一样，保持着质朴和多样，除了可静享古镇风情，这里还有丰富多彩的娱乐方式。

娘娘会：农历三月二十举办，这一天是娘娘诞辰日。地点在龚滩"武圣宫"的左殿。据说娘娘专给青年妇女送儿女，并伴"百年长寿"，时人就呼她"送子娘娘"。

摆手舞：每晚在龚滩古镇小广场有摆手舞表演，当篝火燃烧起来，摆手舞音乐一响起，你就可以走进舞者中，跟随他们一起跳起来。

游乌江画廊：龚滩古镇客运码头有游览乌江百里画廊的游船，在碧绿的江上观看两岸陡壁绝对是一种享受。

邮寄时光明信片："如果声音不记得，请把时光寄存"，这是老板娘对顾客的解释。买一张几元钱的明信片，写上一段话，寄给多年后的自己或者朋友，绝对值得体验。

117

安居古城
安居乐业地

微印象

@CFT 山水古镇，环境优美，让人心生慰藉。很舒适的一个地方，好山好水好人家，古镇味道也浓，宁静温婉的古镇宛若一幅山水画卷，没有雄浑秀丽的山川，就被这古镇韵味牢牢吸引住了。

@yl0155 临近傍晚，街上游人很少，古朴的镇子，传统的巴蜀民居，别有一番味道。

门票和开放时间
门票：大门免费，部分景点需另外收费。
开放时间：全天开放。

进入景区交通
位置：重庆市铜梁区安居镇。
交通：先从菜园坝、沙坪坝、陈家坪客运站乘车至铜梁市区，到了铜梁市区再转车至安居镇即可。

景点星级
浪漫★★★★★　美丽★★★★　特色★★★★　人文★★★　休闲★★　刺激★

古镇旅游

铜梁安居古城是重庆市批准的20个历史文化名镇之一。安居古城距今已有1500多年的历史，是重庆市北部重要的口岸城镇，自古便有"安居依山为城，负龙门，控铁马，仰接遂普，俯瞰巴渝，涪江历千里而入境"的说法。

安居古城历史上三度建县，遗留下大量的文物古迹，著名的有星辉门、湖广会馆、天后宫、齐安公馆、城隍庙、黄埔军校旧址、刘伯承避难纪念馆、波仑寺等，主要集中于大南街、火神庙街、西街古街道等。古城的商业开发还不是很成熟，古镇上旧屋老宅还有不少，能近距离感受到当地民众的日常生活。

解说

早在2万年前，便有先民在安居繁衍生息。汉代形成村落，至隋唐时，已成为涪江下游的水路要冲。安居曾于隋开皇八年（588年）、北宋熙宁七年（1074年）、明成化十七年（1481年）三度建县，清雍正六年（1728年）并入铜梁县（今铜梁区）。

1 星辉门

安居古城有九道城门，先以砖木修建，之后以石改砌。星辉门位于安居古城南，邻武庙和县衙。因安居地理位置南高北低，此门因此也是最高的一座城门。相传农历八月十五在星辉门城楼上望月，能看到月亮银白如玉，月周星光四射。若有缘的话，还会看到玉兔欲跳入怀的奇观。

2 天后宫

天后宫又名妈祖庙、福建会馆。位于安居古城南街，是由福建士绅集资修建。这座建于明朝的古建筑，殿宇恢宏，楼阁雄伟。

天后宫坐东南朝西北，前门临街，背靠山，山后有川主庙。坊高10余米，宽8.8米，重檐歇山顶，门楼形状。顶盖斗拱飞椽，左右青石铺地，坊上浮雕，鱼龙凤狮，花草木竹，松鹤延年，喜鹊登枝，五蝠捧寿，形象生动逼真，画面清晰如故。

链接　天后妈祖

据记载，天后姓林，名默，世居福建莆田贤良港。她从小就习水性、识潮音、看星象，长大后能"化木附舟"，一次又一次救助海难。她曾经高举火把，把自家的房舍燃成熊熊火焰，给迷失的商船导航。

公元987年农历九月初九，她在湄洲湾救助遇难船只时不幸捐躯。她死后，仍魂系海天，每当遇风高浪急，樯橹摧折之际，她便会化成红衣女子伫立云头，指引商旅舟楫逢凶化吉。林默救助海难的动人传说，历来备受褒奖。人们逐渐把她奉之为神。据资料显示，现今世界上有二十多个国家和地区建有天后宫，足见其影响之深远。

119

Follow Me 重庆深度游

攻略

美食 饕餮一族新发现

安居古城简直是"吃货"的天堂。其中，翰林酥、太守麻花、古城凤爪、冲冲糕、哑巴锅盔等特色小吃最为著名；周边农户自种的安居红心橙、脆香甜柚子也很不错。如果还不满足，可以去"万宏酒楼"尝一尝过水清波和家常黄蜡丁，这两道菜在龙乡美食大赛中曾获得过"龙乡名菜"的美誉。

娱乐 城市魅力深体验

"水云龙"祭祀表演：安居古城独有的一种龙舞形式，安居"水云龙"造型古朴，整条鲜艳的龙在街道中穿梭，所经之处，人们用圣洁甘冽的泉水敬龙接福，浇泼龙身，祈求神龙赐福降恩。一路下去，整条街道就成了水的世界。

县衙出巡：首先一面大锣敲响，紧跟着县令身着红袍出现在城门口，舞动长袖来两段，旁边的师爷摇着羽毛扇，煞有其事地高呼：有冤申冤，无事靠边。下面的围观者顺着回应：有冤。

西街酒吧：安居西街有各种独具风情的酒吧，夜幕降临，灯光笼罩，像剧场的绒幕拉开一样，酒吧一条街开始喧闹了。相比丽江、凤凰等酒吧，安居西街酒吧少了一份嘈杂多了一份温暖和亲切。喝点小酒，跟五湖四海的朋友聊聊天绝对是你在喧嚣都市中体会不到的经历。

城隍庙会：古城内农历五月初十有城隍庙会，开幕式上的重头戏是城隍出巡：前面四面道锣，四个大纱灯笼，八面"回避""肃静""安居正堂""辅德大王"虎头牌开道，旗幡伞盖、锣鼓唢呐随后。在装扮的判官、小鬼和差人的簇拥下，坐八抬大轿的城隍庙菩萨出巡来了。吹吹打打，浩浩荡荡，队伍很长，比县太爷出巡还要壮观。届时沿街的店铺和住户，摆设香案，焚香膜拜，祈福消灾。

长寿古镇

福乐长寿地

微印象

@紫色薰衣草 特地跑到长寿古镇来玩，环境还是很不错的，空气也很好，最主要的是在广场中央还有一个人唱歌超级赞，古镇特色十分浓郁。

@午夜灯光 昨天公司组织到长寿湖和古镇去游览，这里风景还是不错的，古镇的那个叫花鸡还不错，蛮好吃的，还有长寿柚子汁多味浓，醇甜化渣，素有"天然罐头"的美誉。

门票和开放时间
门票：免费。
开放时间：全天开放。

进入景区交通
位置：重庆市长寿区城区。
交通：龙头寺集散中心（近重庆北站）有直达长寿古镇的旅游专线班车，至长寿古镇的时间为9:30~18:00，长寿古镇至龙头寺集散中心时间为8:00~16:00。

景点星级
特色★★★★★　休闲★★★★　人文★★★　美丽★★　浪漫★★　刺激★

Follow Me 重庆深度游

　　长寿古镇位于重庆市长寿城区内，占地约53万平方米。曾是菩提山脚下的一片农田的长寿古镇，是菩提山·中国长寿文化城的重要组成部分，因开发作为菩提山风景区配套设施而修建的集旅游、休闲、吃住、游玩的现代仿古建筑群。长寿古镇以巴渝文化为背景，以中国西部（云、贵、川、渝）文化为平台，展示了几千年来巴渝文化及中国寿文化。

❶ 长寿古镇核心区

　　长寿古镇依一轴（万寿路）两系（青龙溪西部古城、万寿河江南水乡）而打造，建筑典雅恢宏，古色古香。区内有古城门、万寿广场、万寿公园（巴渝村落文化、桃林、游乐）、三星观、民间综艺馆（餐饮、歌舞、娱乐）、衙门（寿文化及民俗博物馆）、过街楼等众多景观。区内处处展现着巴渝文明、寿文化与西部古建筑等人文风景。

攻略

万寿广场：每当夜幕降临，广场上便会燃起篝火，众多游客也会随之跳起坝坝舞，若是赶上节日期间还会有文艺演出及各种节日活动，如中秋有赏月宴、夏季有泼水节等。

万寿公园：是玩乐的好去处，园内有溶洞漂流、水幕电影、疯狂巴士、魔术自行车、跳伞塔、旋转木马、青蛙跳等众多娱乐选择。

古镇衙门：上演的仿古判案特色文化表演，让游客在"县衙"里，从"告状"到"收集证据和勘验"，到"过堂"和"审讯"，再到"判决和判词"，都能亲身体验，彻底了解一番中国古代衙门的原貌。

❷ 菩提山

　　菩提山紧邻长寿古镇，位于古镇西侧，是菩提山·中国长寿文化城的重要组成部分。菩提山海拔约598米，山顶中凹，似一盂仰置，山上筑寨，寨中有庙。明僧大智铸铁柱1根，长16米有余，高插峰顶，燃灯于上，夜间灯光四射，远近可见。"菩提山上灯一盏"的诗句，迄今老少皆知。虽然灯柱早废，但灯杆堡的地名犹存。

　　景区包含佛教文化游览区、万寿文化游览区、山水养生度假区，与长寿古镇共同打造集吃、住、行、游、购、娱于一体的旅游目的地。

古镇旅游

❸ 长寿湖

　　长寿湖是重庆市市级风景名胜区、新巴蜀十二景之一，是我国西南地区目前最大的人工淡水湖，距离长寿古镇有一定距离，在其东北方向。其水面面积约65平方千米，大小岛屿203座，星罗棋布，大如山峦，湖湾岛汊交织，浅滩成片，并建有野生动物自然保护区。

　　景区以"山、岛、湖"山水风光为核心主体，以长寿文化和山川景观为主，融自然与人文协调统一，是重庆市著名的湖泊休闲旅游地。半个多世纪以来，小说《红岩》在此创作，建设三峡水电站的"萨凡奇计划"也在此形成，长寿湖因此积淀了深厚的历史文化底蕴。现有"长堤抒怀""总理足迹""天赐神寿""湘子遗石"等十大著名景观。

Follow Me 重庆深度游
攻略

住宿 驴友力荐的住宿地

古镇内不仅有特色五星级酒店，还有众多风格鲜明的客栈、宾馆值得入住。同时，古镇紧邻长寿区，游客也可根据需求选择区内的酒店住宿。

长寿碧桂园凤凰酒店：位于长寿区桃花新城文苑大道7号，星级酒店，引进主题式酒店的理念，整体布局采用托斯卡纳风格，夜晚很安静，适合度假。

重庆兜兜窝酒店：位于长寿古镇菩提街道桃源西四路2号6栋，在菩提古镇中心位置，是长寿古镇第一家全房间都是投影的酒店。房型很多，房间内有很多免费小吃，服务还可以，就是房间的窗帘为了美观，遮光性不是很好，介意的可以提前跟老板反映，换其他遮光好的房间。

美食 饕餮一族新发现

长寿古镇分布有众多美食商家店铺，紧邻长邬路一侧的餐饮街不仅有东方红烧鸭、玺品道板栗鸡等美味名吃，还有婆婆客生态菜馆、一家私房菜、河畔家肴江湖菜等餐饮场所。景区内还有苏格酒吧和咖啡馆，可满足游客品尝美食、寻求美味的需求。

长寿古镇有两条小吃街，第一条在一期B区，第二条在二期E区，除此以外，在古戏台里面，有众多小吃店。风味主要以巴渝小吃为主，风味繁多、物美价廉、便利快捷。

娱乐 城市魅力深体验

古镇内布置有茶楼、酒吧、KTV、桑拿室等娱乐场所，可满足基本的休闲娱乐。此外，长寿古镇大大小小的节庆活动贯穿全年，天天小型活动，月月中型活动，季度大型活动。

此外还有城隍巡游、猜灯谜、舞龙、舞狮、划旱船、斗鸡表演、讲评书等传统的巴渝民风民俗表演。

茶棋牌街分布于万寿河和青龙溪沿岸，掩映在绿树荷花之间，一杯清茗，恬淡而闲适的心情如流水，缓缓而来。

古镇旅游

节庆民俗活动表单

时间	活动
农历腊月至正月十五	正月十五赶庙会、逛年货街、赏花灯等系列活动
2月中下旬	兰花品鉴展
3月妇女节前后	3月丽人节、抛绣球定情、重庆小姐暨长寿古镇形象代言人赛
4月中下旬	长江奇石文化博览会，鉴宝活动，寻宝、鉴宝、亮宝等系列活动
5月	人体彩绘艺术展及艺术摄影周
6月（农历五月初五）	端午节长街宴，民族服饰展
7~8月	长寿狂欢节、啤酒节、泼水节等系列活动
农历八月十五	中秋赛诗会
10月	长寿火锅节、重阳节（农历九月初九）、万寿节、长寿千叟宴
11月	长寿柚子节
12月下旬至新年	新年狂欢夜

购物　又玩又买嗨翻天

　　古镇内布置有缅甸玉石街、东南亚旅游商品风情街、巴渝特产街、书画古玩街、三峡奇石街等，游客可以在镇上选购中意的旅游纪念品。

125

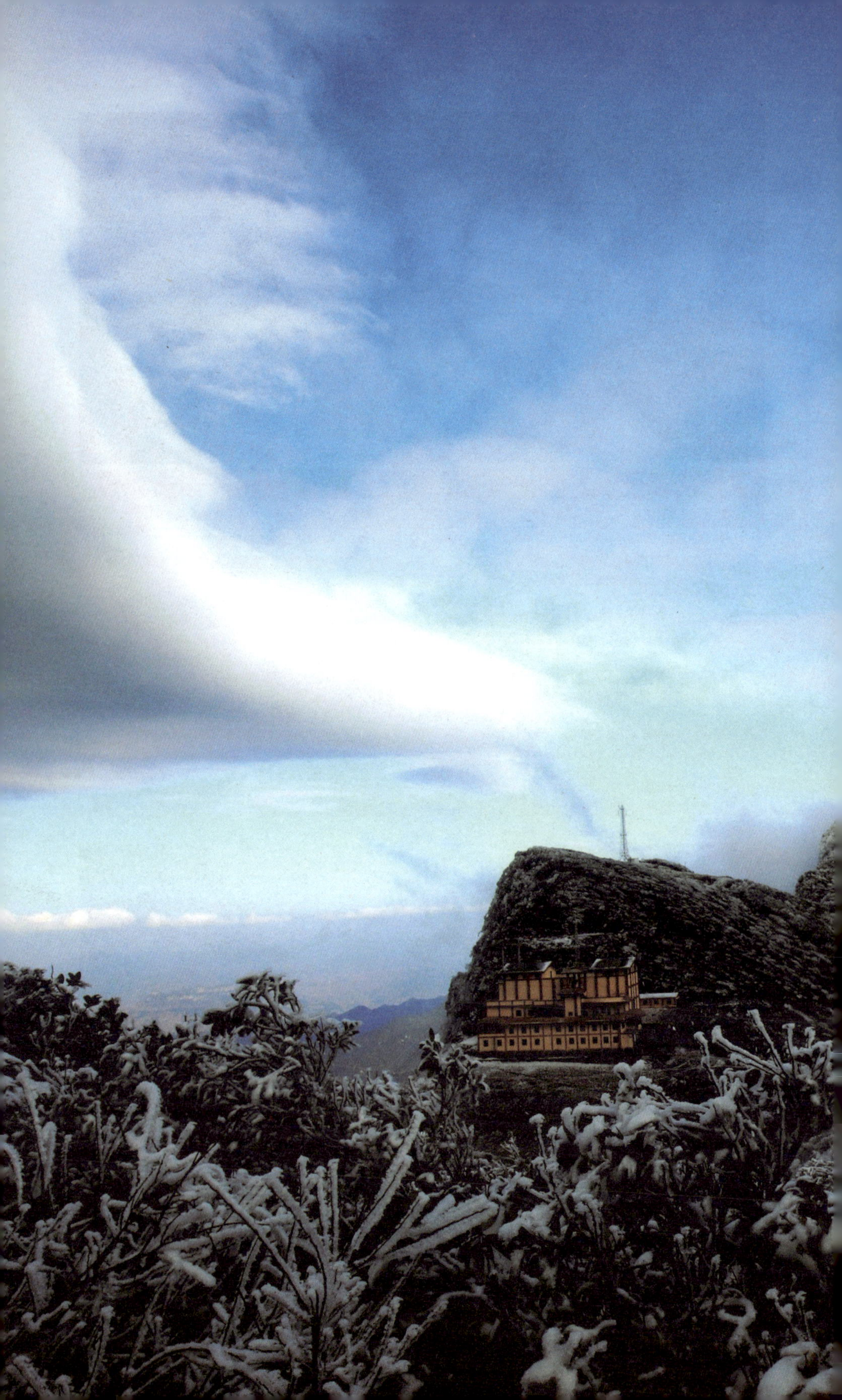

第4章
重庆郊县

大足石刻
武隆喀斯特旅游区
黑山谷
梦幻奥陶纪
桃花源
四面山
龙缸景区
金佛山
白鹤梁水下博物馆

重庆深度游
Follow Me

大足石刻
刻在石头上的历史

微印象

@开心就好 很值得去看的一个景点，里面的讲解引人入胜，跟着讲解的服务员慢慢看来，了解一段中国的历史，更佩服古人高超的智慧和工艺。

门票和开放时间

门票：宝顶山、北山景区联票旺季140元，淡季120元。宝顶山景区(含圣寿寺)旺季115元，淡季100元；北山景区旺季70元，淡季50元。景区需提前预约。

开放时间：9:00~18:00。此外，北山石刻的夜游时间为19:30~23:00。

进入景区交通

位置：重庆大足区龙岗镇北山路7号。

交通：1.从重庆市区前往：可在菜园坝长途汽车站或者龙头寺车站，乘坐开往大足区的直达大巴。

2.从成都市区前往：可在荷花池长途汽车站，乘坐直达大足的大巴车。

景点星级

人文★★★★★　特色★★★★★　美丽★★★★　休闲★★　浪漫★　刺激★

大足石刻是重庆市大足境内主要表现为摩崖造像的石窟艺术的总称，以佛教题材为主，尤以北山摩崖造像和宝顶山摩崖造像最为著名，是中国著名的古代石刻艺术。

　　大足石刻始创于唐永徽元年（650年），盛于两宋，绵延明清。北山、宝顶山、南山、石门山、石篆山是大足石刻中最具规模、最有价值、最精美的石刻造像代表。

解说

大足石刻非常具有特点，这主要表现在：

1. 这里的观音像，典雅秀丽，表情丰富，非常富有人情味。

2. 宝顶山的石刻大都是用一组一组的雕像来连续表达一个或几个不同内容的佛经故事，不仅内容丰富，而且具有浓郁的生活气息。

3. 千手观音是一个非常壮观的雕像，它的"千手"（准确数字是1007只手）如孔雀开屏般从上、左、右三个方向伸出，每只手都雕得纤美细柔，手里拿着不同的法器，千姿百态，无一雷同。

4. 牧歌式的"牧牛道场"，它所表现的是牧童驯牛。牛的犟劲和牧童在驯服牛后的悠然自得的神情都刻画得非常真切、生动。大足石刻对中国石窟艺术的创新与发展有重要贡献。

亲子研学

大足石刻艺术之美

　　大足石刻以其规模宏大、雕刻精美、题材多样、内涵丰富和保存完整而著称于世。它以鲜明的民族化和生活化特色，成为中国石窟艺术中一颗璀璨的明珠。

　　在艺术上充分表现出佛教造像艺术"神的人化，人的神化"的特征。唐代人物形象端庄丰满，气质浑厚；五代雕塑精巧玲珑，神情潇洒；宋代作品体态优美，比例匀称，穿戴艳丽。来大足石刻，可近距离感受艺术之美。

Follow Me 重庆深度游

❶ 圣寿寺

圣寿寺位于宝顶大佛湾处，始建于南宋，元代毁于兵燹，明代重建，清代复修，是一座古老的禅院。圣寿寺飞檐流丹、依山构筑，一重更比一重高，有一种庄严肃穆的气氛。拾级而上，第一重是玉皇殿，然后依次是大雄殿、三世化殿、燃灯殿、维摩殿。

点赞 👍 @白流苏 圣寿寺古色古香的样式、巍峨壮丽的气魄，很是吸引人。

❷ 北山石刻

北山，古名龙岗山，距大足区龙岗镇北约1.5千米。北山石刻位于山巅（俗称佛湾），开凿于唐景福元年至南宋绍兴年间。造像崖长约300米，高为7~10米。龛窟密如蜂房，分为南、北两段，通编为290号（1~100号为南段，101~290号为北段）。其中造像264龛，阴刻图1幅，经幢8座。

北山石刻造像近万尊，主要为世俗祈佛出资雕刻。北山造像以雕刻细腻、艺精技绝、精美典雅而著称于世，展示了9世纪末到12世纪中期（晚唐、五代、两宋）中国民间佛教信仰及石窟艺术风格的发展、变化。

攻略

2015年10月1日，北山石刻景区北山夜游项目正式投运，让来此的游客无不拍案叫绝。北山夜游项目凭借现代灯光照明技术让北山石刻视觉重塑，是与白天截然不同的体验。

景点包括：北山摩崖造像、北塔寺、二佛和观景台
门票价格：旺季70元/人，淡季50元/人
售票时间：每日19:30~21:00
游览时间：19:30~23:00

解说　转轮经藏窟

北山石刻中的"转轮经藏窟"被许多艺术家誉为宋代石刻之精华和代表，此窟石刻造像秀美、雕刻精细、整体布局和谐协调、保存完好无损，堪称东方美神之大荟萃。另外，二十二章《古文孝经碑》，则被称为"寰宇间仅此一刻"。

❸ 南山石刻

南山，古名广华山，位于大足区龙岗镇南2千米，开凿于南宋绍兴年间，主要有三清古洞、后土圣母龛、龙洞、真武大帝龛等题材。在中国宋代道教石窟中，南山雕刻极为精美；就内容而言，是最完备而有系统地反映宋代道教神系的实物资料，有着极高的宗教、历史、艺术价值。

南山有碑刻题记28件，其中南宋淳祐十年（1250年）的何光震饯郡王梦应记碑，记载了13世

130

重庆郊县

大足石刻示意图

纪中期四川东部遭蒙古军攻掠后的社会政治历史的基本情况，保存了许多珍贵的第一手史料，具有"以碑证史""以碑补史""以碑断代"的重要价值。

> **点赞** @梦里花 到南山这边的游客比别处少一些，看着这些栩栩如生的雕像，不由得入神，仿佛千年的时光凝固了，看不到一丝沧桑的痕迹。

❹ 宝顶山石刻

所有的大足石刻中，宝顶山的刻像最集中、造型最精美，是唐宋时期石刻艺术的代表作，也是中国晚期石窟艺术的优秀作品。

宝顶山位于大足区龙岗镇东北15千米处的宝顶镇，宝顶山石刻包括以圣寿寺为中心的大佛湾、小佛湾造像，是大足石刻精华之所在，并把中国石窟艺术推上了最高峰。宝顶山石刻，气势磅礴，宛如

Follow Me 重庆深度游

一卷镌刻在500多米的崖壁上的连环图画，前后内容连接，雕像无一雷同。

千手观音像： 大足石刻千手观音造像开凿于南宋年间，石龛高7.7米、宽12.5米，造像雕刻于15米至30米高的崖壁上，有830只手臂，状如孔雀开屏。近年来工作人员对千手观音进行修复时，发现其腹部藏有珍贵文物。

卧佛： 是宝顶大佛湾最大的一尊造像，也是大足石刻最大的一尊造像，全长31米。这尊佛像是横卧着的，人们就叫它卧佛。这尊卧佛是半身像，下半身隐入石岩之中。这种意到笔不到的手法，有种在有限中产生无限联想的艺术效果。

解说

宝顶山石刻有异于中国前期石窟多方面的特点：
1. 宝顶山石刻是中国罕见的大型佛教密宗石窟道场；
2. 宝顶山石刻的表现形式在石窟艺术中独树一帜；
3. 宝顶山石刻是中国石窟艺术民族化、生活化的典范；
4. 宝顶山石刻是石窟艺术的集大成之作，在诸方面都有创造性的发展；
5. 造像注重阐述哲理，把佛教的基本教义与中国儒家的伦理、理学的心性及道教的学说融为一体，兼收博采，显示了中国宋代佛学思想的特色。

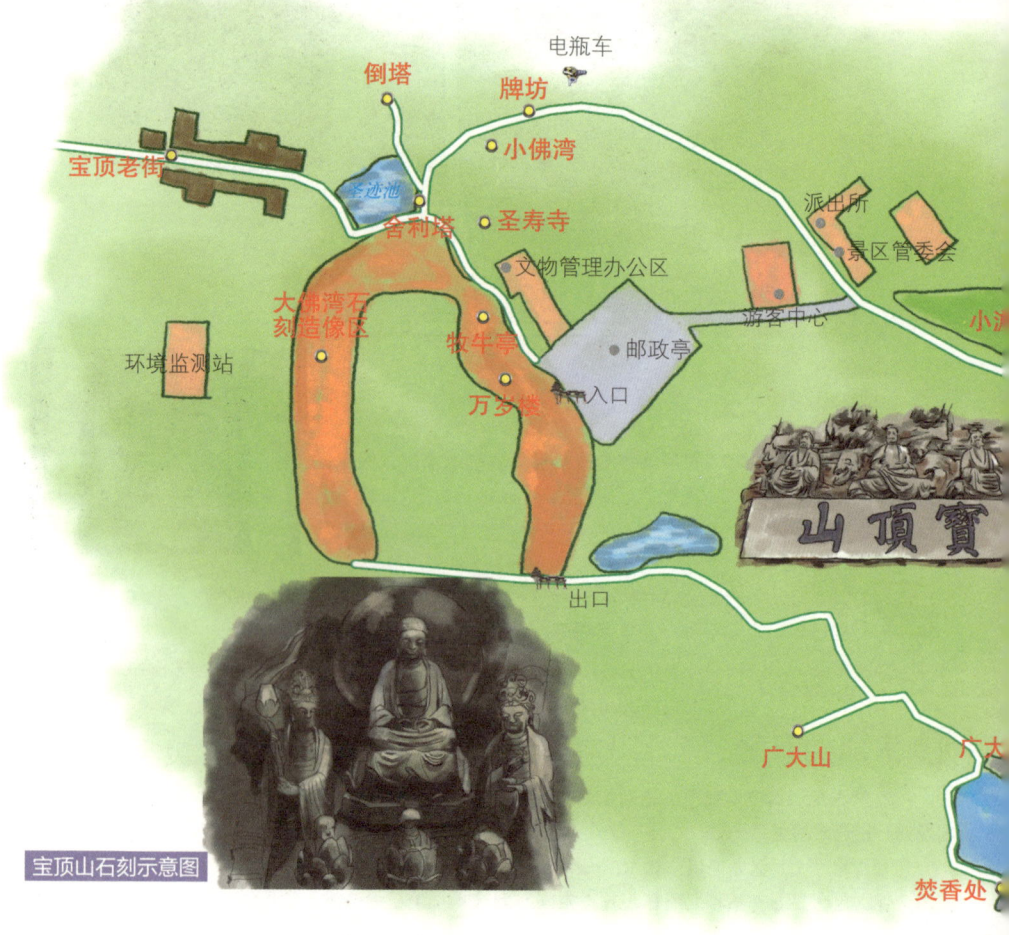

宝顶山石刻示意图

重庆郊县

❺ 石门山石刻

　　石门山位于大足区龙岗镇东20千米处的石马镇新胜村，造像开凿于北宋绍圣初年至南宋绍兴二十一年，其中造像12龛窟。此外，尚存造像20尊、碑碣、题刻8件，均为当时名师的作品。

❻ 多宝塔

　　多宝塔，因其位于大足城区之北的龙岗山巅，故人们称之为北塔；又因观之是白色，人们亦谓之白塔。该塔建于南宋绍兴年间，为内楼阁外密檐的八边形砖塔，内八层，外十三级，通高33米，是大足的象征和标志，为全国重点文物保护单位。

故事　多宝塔的传说

　　关于多宝塔，传说颇多，或为鲁班所造，或为赵巧所造，或为晚唐末年昌州刺史韦君靖所造，或为历代人民所造。特别是冯楫造塔之说，流传甚广，亦为普遍。
　　据考证，该塔确实为冯楫出资所造，并在塔身内外镶嵌127龛造像，这些造像内容丰富，表现形式生动活泼。进入塔内，拾级迂回而上，临窗四下眺望，大足城区和四周的湖光水色尽收眼底，令人心旷神怡。

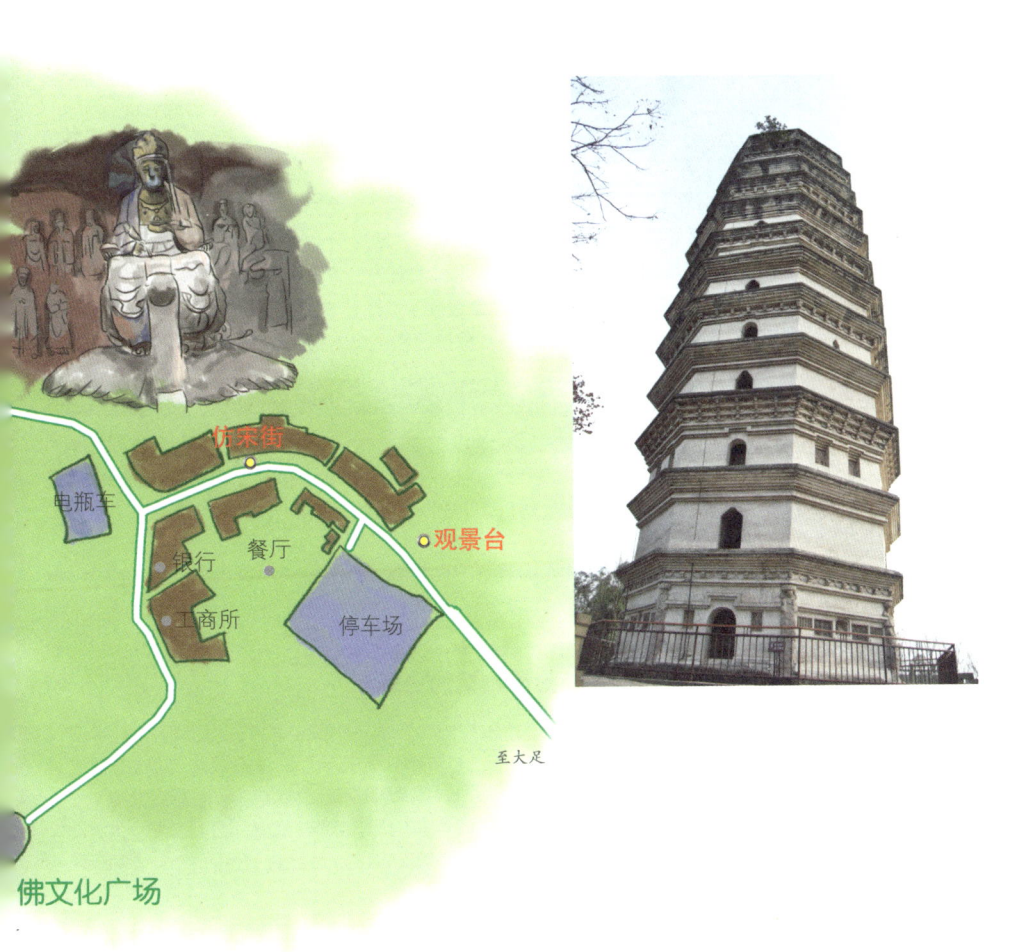

Follow Me 重庆深度游

❼ 石篆山石刻

　　石篆山位于大足区龙岗镇西南25千米处的三驱镇佛惠村，造像开凿于北宋元丰五年至绍圣三年。其中，第6号孔子龛，正壁刻儒家创始人孔子坐像，两侧壁刻孔子最著名的十大弟子。这在石窟造像中，实属凤毛麟角，因而显得更加珍贵。

❽ 龙水湖

　　龙水湖位于"五金之乡"龙水镇东南，玉龙山西北麓，距大足城区20千米，只见西山雄峙，岛屿星罗棋布，明镜似的湖泊，阳光映照，波光粼粼，被誉为"大足西湖"。湖面上五颜六色的游船慢慢游弋，与一群群翩翩戏水的水鸟相映成趣。每当山岚初起，雨雾蒙蒙，山也虚无，岛也缥缈，"长烟一空，水天一色"，遐想无穷之时，龙水湖风光不是仙境，胜似仙境。

攻略

　　湖坝东侧是龙水湖宾馆，外形别致，装饰高雅，亭台楼榭，别具一格，既能接待游客，又可供开会和避暑之用。红色高耸的"观湖亭"（亦称松鹤亭），建造在苍松翠柏之中，令人叫绝！

❾ 大足石刻博物馆

　　大足石刻博物馆陈展面积近5000平方米，包含中国佛教艺术陈列厅、大足石刻艺术陈列厅、石质文物保护技术展示厅等陈列展览馆，以及配套展示馆、石质文物保护中心等。

　　博物馆主题艺术展览《艺术涅槃——大足石刻展》共分为魅力、传承、圆融、流响、保护、重生、宝藏七个单元，通过大量文物、资料、图片、影像，全面展示石窟艺术的发展脉络、大足石刻在石窟艺术中国化进程中所开创的典范之美及大足石刻的研究保护历程。

解说

　　博物馆里还有一个使用激光投影的环幕影院。影院内径达30米，面积达700平方米，可同时容纳600名观众观影，银幕周长为94米、高5.6米。环幕影院所播出的影片《千年佛足》以一声声铿锵有力的凿石声，引出了印度石窟艺术沿着丝绸之路传播到大足的历程，极具震撼力。该影片历时五年摄制完成，片长17分钟，是世界上首部石窟艺术类360度环幕影片。

👪 亲子研学

大足石刻博物馆的由来

　　大足石刻分布较为分散，被列为各级文物保护单位的石刻点多达75处，主要集中在北山、宝顶山、南山、石门山、石篆山等地。但每年前来参观大足石刻的观众，一般都是冲着宝顶山石刻而来，其中仅有5%的游客参观北山石刻，而南山、石门山、石篆山的石刻，除专业学者前往外，几乎无人问津，大足石刻这一世界文化遗产应有的崇高价值和社会教育功能未能充分体现，为了让散居深山或寺院的石质文物集中展出，让世人全面欣赏到大足石刻之美，于是才兴建大足石刻博物馆。博物馆建成后，近千件沉寂多年的大足石刻开始轮流展出，很有观赏价值。

武隆喀斯特旅游区

穿越在电影画面中

微印象

@梅花引 景色非常壮观，三座天生的石桥气魄雄伟，怪石嶙峋，天坑里流水飞瀑比比皆是，在里面行走观赏真有一种世外桃源探险的感觉。

@扬州一日 地缝的电梯很有特色，峡谷也很幽静，确实是值得一去的地方！

门票和开放时间

门票：仙女山50元，天生三桥（含电梯）125元，龙水峡地缝105元。小火车25元/人/圈，芙蓉江船票100元/人。

开放时间：全天开放。天生三桥、芙蓉洞 8:30~17:00（工作日），8:00~17:00（周末）。

最佳旅游时间

秋季较为适宜游览。因为武隆气候温湿，四季分明，春夏降水量较大。

进入景区交通

位置：重庆市武隆区境内。

交通：四公里枢纽站乘前往武隆的大巴车，终点是武隆汽车客运中心，然后转乘到仙女山镇的班车，景区内有环保车往返三个景点。

景点星级

特色★★★★★　美丽★★★★★　人文★★★★　浪漫★★★★　休闲★★★　刺激★★

Follow Me 重庆深度游

　　武隆喀斯特旅游区是国家5A级旅游区，"重庆武隆喀斯特"是中国南方喀斯特的重要组成部分，是深切型峡谷的杰出代表，它不仅是反映地球演化历史的杰出范例，而且还是生命的记录，正在进行的地貌演化，重要的地貌形态或自然地理特征。

　　武隆喀斯特旅游区包括天生三桥、仙女山、芙蓉洞这三部分。天生三桥地处仙女山南部，位于仙女山与武隆之间；仙女山位于重庆武隆区仙女山镇，地处重庆东部武陵山脉；芙蓉洞位于武隆区江口镇4千米处的芙蓉江畔。其中天生三桥、芙蓉洞、仙女山和后坪冲蚀型天坑三个喀斯特景点也为世界自然遗产。

武隆喀斯特旅游区示意图

① 天生三桥

　　武隆天生三桥景区拥有亚洲最大的天生桥群，是全世界罕见的喀斯特系统。天生三桥位于乌江的支流羊水河上，天龙桥、青龙桥、黑龙桥依次排列。天生三桥之间，夹着两个世界罕见的岩溶天坑——天龙天坑和神鹰天坑，形成了坑与坑之间以天生桥洞相连，桥与桥之间以天坑相隔的"三桥夹两坑"的地质奇观，其规模与气势，世界独有。

　　武隆天坑三桥景区内除了天龙桥、青龙桥、黑龙桥3座天生桥和天龙、神鹰2个大天坑，还有龙泉洞、仙人洞等景点。另外，电影《满城尽带黄金甲》的古驿站也在此取景。

重庆郊县

天生三桥示意图

攻略

古驿站：在四围绝壁的天龙天坑中，有一座四合院式的建筑，这就是《满城尽带黄金甲》的外景拍摄地——古驿站。导演张艺谋当时修建这个古驿站时，为了达到效果，将所有建筑材料都做成旧的，而且屋顶上还特意铺了青苔，看上去古色古香。

"擎天一柱"：是千万年来的风雨侵蚀遗留下来的一座石峰。孤立的石峰上长有一些茂盛的植被，宛如一顶绿色的大伞。这是喀斯特地貌的一种重要自然景观，众多石峰连在一起就构成了石林。

❷ 仙女山

仙女山坐落在乌江北岸，距重庆市区200多千米，距武隆城区约30千米，因山上有一峰酷似翩跹起舞的仙女而得名。远望仙女峰，白云缭绕，紫烟笼罩，若隐若现，缥缥缈缈，好似一位身披薄纱的仙女，含羞玉立。

仙女山上主要有狮子岩、仙女石、侯家山庄、九把斧、林海、草场等景点。独具魅力的高山草原、南国罕见的林海雪原、清幽秀美的丛林碧野景观让人流连忘返。仙女山的林海、奇峰、草场、雪原被游客称为"四绝"。

攻略

仙女山冬季长，11月至次年2月属有雪期。仙女山滑雪场是目前中国纬度最低、规模最大的高山滑雪、滑草场，是一处集度假、休闲旅游、运动于一体的景区。届时白雪皑皑，银装素裹，大草原上滑雪、赏雪、雪地烤羊，让您领略到"真正林海雪原，周周雪上狂欢"的激情。

夏季山上气候凉爽温和，月均温在18℃~20℃，即使在最热的7、8月，最高温度也不超过30℃，夏季景色绚丽、气候清凉舒爽，茫茫林海，清风吹拂，凉爽宜人，是休闲度假、避暑纳凉的绝佳胜地，因此仙女山享有"山城夏宫"之美誉。

点赞 👍 @生如夏花 滑雪好赞！仙女山好美，一望无际的草场，白雪覆盖，轻飘飘地想要飞。

137

Follow Me 重庆深度游

仙女山示意图

- 至丰都
- 仙女石
- 滑雪场
- 后门
- 通天塔
- 仙女池
- 仙女神坑
- 仙女街
- 长松国际酒店
- 户外运动中心
- 仙女山度假村
- 大草原
- 滑雪场
- 狩猎场
- 假日酒店
- 跑马场
- 至武隆
- 卡丁车
- 华邦酒店
- 大门

138

重庆郊县

❸ 芙蓉洞

芙蓉洞作为唯一"洞穴"申报"世界自然遗产"的提名地而被世人所知。它是一个大型石灰岩洞穴，形成于第四纪更新世（大约120万年前），发育在古老的寒武系白云质灰岩中。洞内深部气温稳定在16.1℃。主洞全长2700米，游览道长1860米；底宽12米以上，最宽69.5米；洞底总面积3.7万平方米，其中辉煌大厅面积在1000平方米以上，可一次容纳超过10万人。

芙蓉洞内具有琳琅满目、丰富多彩的次生化学沉积形态——钟乳石，几乎包括钟乳石所有沉积类型，达70多种。其矿物组成主要是方解石和石膏，也有文石、水菱镁石。其中大多数种类存在数量之众多，形态之完美，质地分布之广泛，在国内目前的发现中，多属绝无仅有。而某些类型，更为国内罕见，世界稀有。目前，出于对洞的保护，实行分批进洞，每批30人，导游全程免费讲解，洞内灯光也是分段开放。

点赞 👍 @团团圆圆 喜欢天然的东西，这里有薄如蝉衣的石头群，被绿色的灯光映照着，神秘感十足！神奇的人类之子造型盖中华，自然逼真！幽幽长廊是地下工程的遗留物，神秘气息浓厚。

攻略

芙蓉洞五绝："巨幕飞瀑""生命之源""珊瑚瑶池""石花之王""犬牙晶花"，这五绝既是芙蓉洞之瑰宝，又是世界洞穴景观的稀世珍品。其中，"珊瑚瑶池"与"石花之王"更是世界之最。

芙蓉洞美食：武隆芙蓉洞美食主要有羊角豆腐干、羊角老醋、土坎晶丝苕粉、武隆牛肉干（麻辣、五香）、蕨精粉（武隆白笋溪）、苗家情米酒等，烤全羊、羊肉汤锅、烤鱼、豆花饭也很有名。

芙蓉洞示意图

放养的马群，开阔的草场，若隐若现的远山……真的是名副其实的"仙山"。

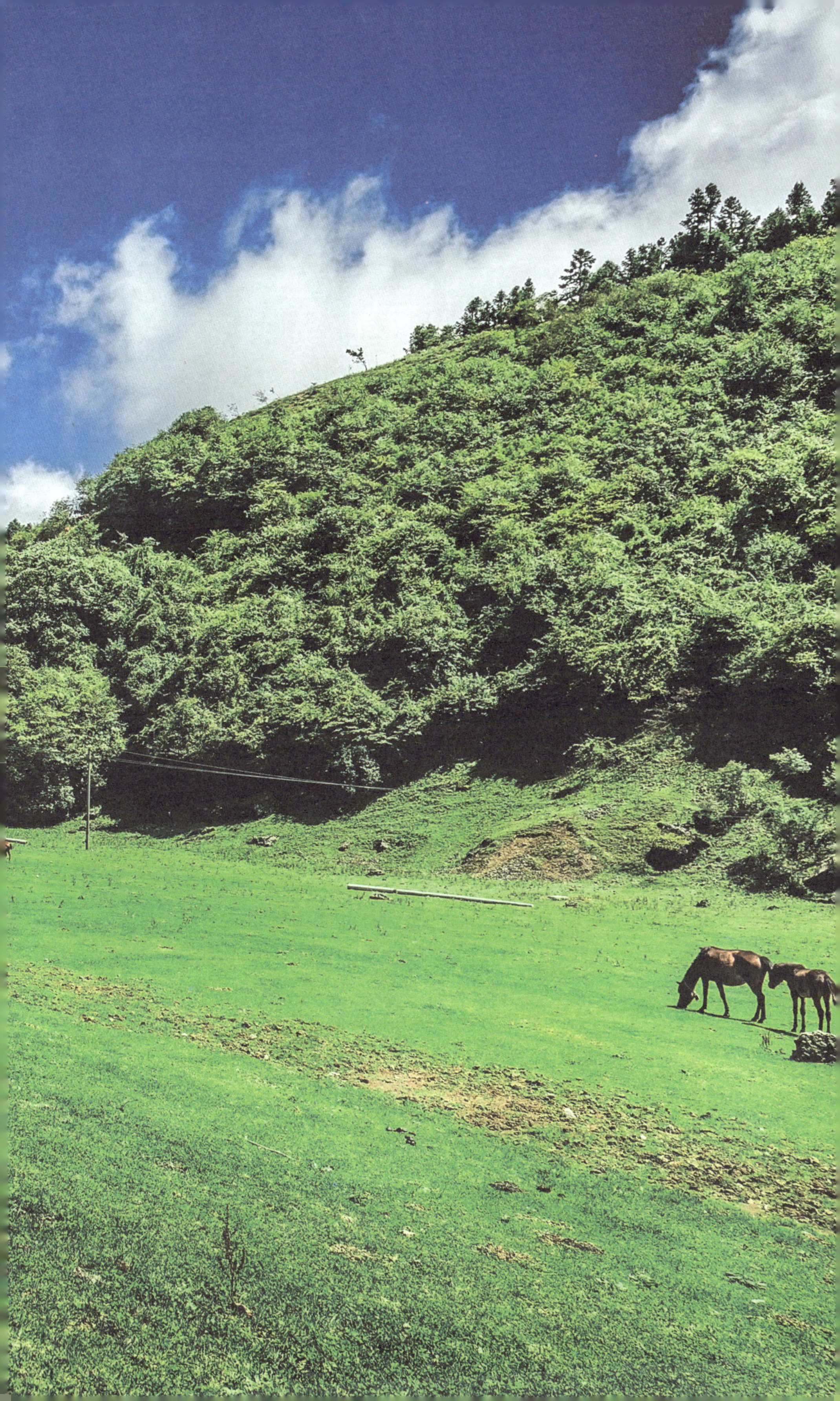

Follow Me 重庆深度游

④ 芙蓉江

　　芙蓉江古名濡水，又名盘古河，因与乌江交汇处的江口镇沿岸多芙蓉树而得名。它全长231千米，是乌江最大支流。芙蓉江风景名胜区景色既瑰丽又壮观，秀水碧波，丝竹垂吊江边，古树如虬参天，时而水平如明镜鱼翔浅底，时而滩急似银河猴跃群山，古人对其有"一川游尽画图中"的评价。

芙蓉江示意图

⑤ 龙水峡地缝

　　龙水峡地缝里面有80米瀑布水帘，好似轻盈的薄纱，宛如人间仙境。地缝中老树藤萝盘绕，泉水流瀑挂壁险峻幽深，怪石峥嵘，明涧湍急。仰望壁立千仞，天光曦微，让人昏昏然不知身之何处。观龙水峡地缝，可知百万年地质变化。

重庆郊县

龙水峡地缝示意图

攻略

大洞口：大洞口是整个龙水峡地缝的发轫之处，是整个溶洞的最边缘。它是亿万年前的早期地下水，沿着岩层裂缝，对岩石进行不断地溶蚀而逐渐拓宽的地下河道出口，所以它的断面呈不规则的喇叭形。

银河飞瀑：在百米高的悬崖下，瀑布直直地跌落了下去，白水一串连着一串飞流直下，像是一幅硕大的银色幕帘。

6 后坪天坑群

后坪天坑群位于武隆区后坪乡境内，因位于海拔1300米的分水岭地区的喀斯特台面，加之强烈的构造抬升，该台面上各种规模的喀斯特陷坑地貌发育完好，分布有众多的落水洞、竖井、塌陷漏斗（天坑）、峡谷、石柱、石林、溶洞等地质遗迹。

天坑群主要景点有箐口天坑、牛鼻洞天坑、石王洞天坑、打锣凼天坑、天平庙天坑、二王洞、三王洞、麻湾洞、宝塔石林。

攻略

后坪天坑群塌陷漏斗（天坑）规模宏大，群状密集分布，形态典型，保存完好，是我国乃至世界上目前发现的唯一的地表水冲蚀成因的天坑群，是极为罕见的地质遗迹。

各天坑四周绝壁环绕，形状完美。自坑口视之，绝壁陡直，天坑深不可测，奇险无比。有的天坑雨季悬瀑自100~200米高的陡崖飞泻而下，倾珠溅玉，轰鸣回响，蔚为壮观。

143

Follow Me 重庆深度游

攻略

住宿 驴友力荐的住宿地

武隆作为开发很成熟的景区，各类住宿宾馆一应俱全，可以满足游客的各种需求。

武隆彼岸酒店：位于仙女山镇逸云路37号，是游览世界自然遗产天生三桥、仙女山国家森林公园和观看"印象武隆"的较佳选择。

仙女山柏豪丽景酒店：位于仙女山镇翠云路，是一家集商务旅游、休闲度假、购物于一体的酒店，可看日出、天生三桥等景观。

武隆山景城度假酒店：位于仙女山镇银杏大道59号，酒店地理位置优越，对面就是仙女山游客接待中心，交通非常便捷。

武隆巴尔曼酒店：位于仙女山国家森林公园内，景色优美，酒店外面有成群的牛和马。唯一不足的是，由于位置原因，房间内较为潮湿。

娱乐 城市魅力深体验

黄柏渡漂流：位于武隆东南，距城区3千米。黄柏渡漂流全长8千米，属仙女山风景区，由南向北漂行长途河上。作为典型的峡谷自助型漂流，两人或三人一组，自操船桨，自取河道，在青山绿水间，时而穿引峡谷，时而静水流淌，时而浪头扑面，时而直下千里，趣味横生，其乐无穷。整个河段既有静水悠悠，又有滩头拍船，给人以心旷神怡、如痴如醉之感。漂流到岸，再享受一番终点站河边的农家乐，乡村小菜会让你胃口大开。

《印象·武隆》实景歌会：剧场选址在重庆市武隆区干沟峡谷，峡谷呈"U"形，高低落差180米，距仙女山镇约9千米。由印象"铁三角"张艺谋任艺术顾问，王潮歌、樊跃任总导演。100多位特色演员现场真人真情献唱，以濒临消失的"号子"为主要内容，让观众在70分钟的演出中亲身体验自然遗产地壮美的自然景观和巴蜀大地独特的风土人情。

根据天气季节，演出时间会有变动，目前暂停演出，恢复时间另行通知。想要欣赏的游客，可关注官网信息。

黑山谷
渝黔生物基因库

微印象

@喜欢百合的女子 黑山谷给人最深的印象就是空气真的很好，活脱脱一个天然氧吧。各种瀑布很漂亮，负离子体验区很养生，灯儿晃桥很刺激。

@美人吟 行走在峡谷之间，一会儿栈道一会儿浮桥，耳边溪水哗哗声不绝于耳，各中美妙无以言喻。

门票和开放时间
门票：旺季85元，淡季60元。单程观光车30元，观光索道30元。
开放时间：旺季8:30~16:00，淡季9:00~15:30。

最佳旅游时间
黑山谷风景区随春、夏、秋、冬四季更迭而各显奇妙佳景。春天：高山杜鹃、野生大茶花、珙桐花竞相绽放，生机如画；夏天：万山叠翠，山静水幽；秋天：山色如黛，层林尽染；冬天：云雾迷漫，素湍绿潭，一如娴静羞涩的神女。

进入景区交通
位置：重庆市綦江区黑山镇境内。
交通：乘坐万盛106路公交车在黑山谷北门站下或者乘坐万盛113路公交车在南门下，即可到达。

景点星级
美丽★★★★★　特色★★★★　休闲★★★　浪漫★★　刺激★★　人文★★

Follow Me 重庆深度游

黑山谷是目前重庆地区最大的、原始生态保护最完好的自然生态风景区，为国家5A级景区。这里山高林密、溪河纵横、人迹罕至，保存着地球上同纬度为数不多的亚热带和温带完好的自然生态。

黑山谷景区原始生态风景由峻岭、峰林、幽峡、峭壁、森林、林海、飞瀑、碧水、溶洞、栈道、浮桥、云海、田园、原始植被、珍稀动植物等200多个各具特色景观组成。这里还被专家誉为"渝黔生物基因库"。

> **小贴士**
>
> 1.去黑山谷游玩，不乘坐观光缆车、电瓶车的游人应在8:00前坐车上山，要乘坐观光缆车、电瓶车的游人在10:00前也应开始坐车上山。旅客要在下午乘公交车下山的，注意把握时间，17:30的车是末班车。
>
> 2.景区内食物价格偏高且分量少，尤其是饮料、零食价，建议自带。

解说 黑山谷"三绝"

峡谷"吻"两岸： 黑山谷腹地的鲤鱼河，由于受地质结构的影响，河谷呈典型的"V"形深切峡谷形态，峡谷长达1180米。河两岸钟乳石密布，稀有植物众多，有的古树根植在坚硬的岩石中，已固化成化石。峡谷山势高而陡峭，有的山势成倒"V"形向内倾至高处两岸山壁相连，瀑泉悬垂，有的形成"一线天"，使两岸原始植被缠绕绵长形成奇特景观。

黑叶猴和"猴积"： 穿行在黑山谷两岸陡壁间，可见到一种名叫"黑叶猴"的黑猴子，它又名"乌猿"，是国家一级保护动物，目前只有我国西南和越南北部地区有极少量分布。峡谷中有一道十分险峻的悬崖，叫"猴血岩"。这是每年春天，黑叶猴群中的母猴留下的经血。天长日久，经血层层淤积，将岩壁染成了褚红色。淤积的母猴经血是一种名贵中药，可治疗诸多妇科疾病，当地人称"猴积"。

"景星碧绿"花： "景星台"是海拔1973米的黑山谷第一高峰——狮子槽鸡公岭中的一块平地。"景星台"终年云雾缭绕，特别适宜茶叶生长——汤色翠绿、香气清爽的"景星碧绿"是这里盛产的优质绿茶。该茶滋味醇和，品后回味甘甜，带有独特的地域花香。据地方志记载，"景星碧绿"茶曾为贡茶，供御用。1958年该茶被评为当时四川三大名茶之一，后来载入《中国名茶志》。

❶ 十里峡谷

黑山谷最为奇妙的风景是险窄深幽的鲤鱼河十里峡谷。这里其实是群山裂开的一条地缝，呈典型的"V"字形深切峡谷形态。峡谷两岸皆为植被茂密的悬崖，坡度在七八十度，部分岸壁由于洪水冲蚀底部，甚至逆倾为100余度，形成罕见的倒斜壁奇观。

峡谷从上至下依次分为鲤鱼峡、野猪峡、神龙峡三峡，两岸峭壁由于倒倾幅度大，上端几乎蓬拢，河流成为暗河，显得十分幽暗。人站在最窄的鲤鱼峡中，一只手可摸到重庆的山，另一只手则可摸到贵州的山。峡谷中滩多水急，钟乳石密布，古藤倒挂，瀑布悬垂，游人步行在栈道和浮桥上，如在龙宫漫游。

攻略

渝黔界桥： 鲤鱼河是重庆和贵州的界河。游客在游览黑山谷时，要多次在重庆和贵州之间穿行。河上有一座桥是峡谷中的最后一座渝黔界桥，过了这座桥后，就回到了重庆境内。

❷ 鱼跳峡

　　鱼跳峡因此段河谷中鱼跳潭而著名，每年春夏季节，鲤鱼河下游的鱼"逗滩"进入上游，都必须由此潭跳起越过落差达 60 厘米高的鱼跳滩，一次又一次地展现各种鱼类出水腾越前行的奇观，所以当地人将此峡谷称之为鱼跳峡。两峡夹水，极为险峻，聪明的人类在不破坏原始森林自然的前提下，别出心裁地在水面上搭建了一座水中栈道，栈道弯弯曲曲地在水面延伸开来，颇为奇特。

黑山谷示意图

Follow Me 重庆深度游

③ 飞鱼瀑

飞鱼瀑是万盛黑山谷最为壮观的瀑布，因瀑布的形状像鱼，故名飞鱼瀑布。夏季雨水较多，瀑布如九天银河泻地，气势十分磅礴。远远望去，银练飞挂，上可接天，直探瀑底。水柱从百米的高处飞落下来，已不是"水"了，似是珍珠粒，击在瀑底石块上，掀起满天烟雾，慢慢升腾而上，珠沫玉屑扑面而来，汇成巨大的无形冲击波，场面十分壮观。据说若有太阳，会形成七色彩虹，景色迷人，令人叹服。

延伸　万盛石林

万盛石林又叫龙鳞石海，位于黑山谷西南10千米处的万盛经济技术开发区石林镇。成岩年代距今约4.65亿年至6亿年间，是中国最古老的石林。龙鳞石海以奇石景观、自然山水、田园秀色、苗族风情四大特色而被列为"巴渝特色旅游风景区"。主要景观有将军石、香炉山、千塔林、芦花湖、一线天、万马奔腾、排天巨扇、水上石林、化石长廊等200多个。

万盛石林中最多的是形成于寒武纪的角石。角石大多呈黄褐色，有的露在石头的表面，有的镶嵌于石头中。这些化石对研究云贵高原及四川盆地东南部盆边山区的地质演变、海生物演变，有着很高的科学考察和观赏价值。

攻略

住宿　驴友力荐的住宿地

景区有宾馆，虽然算不上好，但干净、卫生、物品齐全、服务周到是肯定的。景区外也有旅馆，可以下山住宿，推荐黑山谷·1098假日酒店、汇鑫假日酒店、响水村养生精品酒店，这些酒店条件相对较好，适合选择入住。

美食　饕餮一族新发现

黑山谷特色菜肴不少，除有竹筒饭、夜郎陡窝鸡外，还有以下美味不可错过：

辣子田螺：以螺丝为主，突出江湖菜系的麻、辣、鲜、香、嫩，回味悠久，具有浓厚的地方特色。

山珍土鸡：以千年活化石银杏（白果）为主料，推出新派养生菜，具有调制降压、美容瘦身之功效。

野生蕨菜：已处理的蕨菜，一是可晒干做干菜，用来炖腊猪蹄、腊排骨、土鸡、土鸭；二是可炒着吃，也可凉拌吃，同样清香爽口，味道独特，是难得的上等下酒菜；三是蕨菜还可加工成蕨粑、粉条等。

梦幻奥陶纪

绿色石林　挑战极限

微印象

@琪琪　我们"五一"刚去了梦幻奥陶纪，这里特别好玩，门票中包含了60多个游玩项目，其实根本玩不过来，建议在景区住一天，用两天时间基本上就玩得差不多了。

@Versace　景点都还不错，玩的地方很多，一天根本没办法玩完，对得起门票价格，唯一不足的是去路不好走。

门票和开放时间

门票：260元。

开放时间：7月1日至8月31日：9:30~18:30；9月1日至6月30日：10:00~18:00。

进入景区交通

地址：重庆万盛经济技术开发区黑山奥陶纪景区。

交通：

在重庆南坪四公里枢纽站、陈家坪长途汽车站，或其他长途汽车站乘坐长途汽车到达万盛汽车站，然后换乘113路公交车至黑山谷南门站，再换乘119路公交车可到梦幻奥陶纪景区。

景点星级

刺激★★★★★　　特色★★★★　　休闲★★★★　　人文★★　　美丽★★　　浪漫★★

Follow Me 重庆深度游

奥陶纪旅游度假区海拔1300米，为目前黑山谷最高海拔度假项目，夏季这里平均温度为23℃，项目总占地约330万平方米。

奥陶纪旅游度假区是黑山-石林国家5A风景名胜区的重要组成部分，建立起景区以体验式游览为核心，休闲、商业、度假为综合配套，特色影视文化体验为延展支撑的一体化开发模式，构架"核心吸引中心、休闲聚集中心和延伸发展中心"三大旅游度假功能要素，建构观光旅游、度假休闲、人文商业、商务会议等为一体的国家5A级景区中的旅游度假综合体。

❶ 科幻梦工厂

梦工厂利用先进的科学技术，带你穿越五亿年，重返奥陶纪。你可以感受到时光岁月在你的眼前不断地变化，如光速般在指尖流逝，等到一切稳定下来，你已经回到了最原始的时代，一切停留在还只是"三叶虫""鹦鹉螺""苔藓虫"等物种的时候。在这里可以切身体会到自然的发展、生命的发展是那么奇妙，厂家更是利用座椅特效和环境特效，让你身临其境地见证历史的沧海桑田。

❷ 天空悬廊

"天空悬廊"在2017年5月19日成功获得吉尼斯世界纪录认证"世界最长的悬挑空中玻璃走廊"。廊桥桥身呈"A"形，80多米的桥身完全从悬崖上向外伸出，底部没有任何支撑，走上去能够感到明显的上下浮动的抖动感，所谓"人在走，桥在抖"，配合桥身的全透明玻璃，体验感十足。

> **点赞** 👍 @慰心 很多游客上桥之后要闭着眼睛，双手扶护栏才敢走完全程，虽然高空体验让人心惊胆战，但是当走到"天空悬廊"最前端时，蓝天白云不仅出现在眼前，还会倒映在玻璃上，整个人都感觉是在云端天际漫步，有腾云驾雾的感觉。

❸ 悬崖秋千

这是全国第一个"悬崖秋千"，矗立于山顶之上，临界于悬崖之边，从平台往外荡出，山风在耳畔呼啸，眼前是壮阔美丽的石林景区，脚下是300多米高的落差，当然第一次荡出去的时候脑子里可能是一片空白，要慢慢适应之后才能体会到自由飞翔的快感。

> **点赞** 👍 @卡布奇诺 当我被推出去的时候心都要跳出来了，面前就是几百米深的悬崖，感觉自己像飞起来一样。

❹ 玻璃吊桥

玻璃吊桥位于梦幻奥陶纪主题公园核心位置，悬挂在300米的高空，全长150米。走在上面有一种凌空独步的感觉。

❺ 恐龙园冰雪世界

无论你何时来到这里，这里都可以游玩，因为这里是人工造雪，即便气温没到零下，你也可以在这里肆意地玩雪。入口可以看到逼真的恐龙卡通雕塑，在园内除了强壮威猛的大恐龙，还有破壳而出的恐龙宝宝。进入滑雪场内，整个世界银装素裹，纯白的雪地映衬着蔚蓝的天空，再加上云雾缭绕，就像处在仙境一般。

攻略

住宿 驴友力荐的住宿地

奥陶纪附近住宿地很多，除了景区内的酒店，周围也有很多民宿可供选择。

过了这个村乡村酒店：位于奥陶纪景区附近，酒店周边环境优美，客房配套齐全。位置离看烟花秀的地方不远，比住在山下凉快。

美食 饕餮一族新发现

在奥陶纪景区内和周边，有着不少餐厅。像奥陶纪云上餐厅、悬廊农家乐、聚福源火锅等，也可以在万盛汽车站旁的漩涡面馆里品尝一下当地特色美味。

娱乐 城市魅力深体验

梦幻奥陶纪主题公园，定位为全国首家体验式地质主题公园。它是以奥陶纪地质年代作为主题，通过专门定制的《重返奥陶纪》5D影片、《穿越奥陶纪》以及《勇敢者漂流》等高科技参与性游乐项目和奥陶纪时代遗留的地质遗产，系统性地展示奥陶纪时期的场景，使游客在公园里不仅仅能欣赏奥陶纪的地质遗迹，更重要的是了解奥陶纪这段历史。

同时结合全国首创的融合夜石林光影秀和大型实景演出《巴渝千古情》的梦境夜石林夜游项目，以及专门为青少年打造的儿童欢乐谷——机械设备游乐区，将梦幻奥陶纪主题公园打造成为一个集自然观光、主题游乐、实景演出和夜间游览于一体的综合性主题景区。

桃花源

人间仙境 世外桃源

微印象

@漫步城西 我们下雨天去的，感觉很不一样，很有小桥流水人家的感觉，也很有诗意，像人间仙境一般，真想长期生活在这里。

@那年我们正年轻 不错的景点，桃花源的奇不在于桃花和水，而是进入桃花源的洞庭，这里高大宽敞，真正有眼前豁然开朗的感觉。

门票和开放时间

门票：100元。

开放时间：8:00~17:30。

进入景区交通

位置：重庆市酉阳土家族苗族自治县境内桃花源路232号。

交通：在四公里交通枢纽站乘前往酉阳的大巴，然后在酉阳城北车站步行约10分钟即可到达。

景点星级

美丽★★★★★ 休闲★★★★ 特色★★★ 浪漫★★★ 人文★★ 刺激★★

重庆郊县

陶渊明的《桃花源记》描述了一个景色迷人、生活幸福的世外仙境。位于酉阳的桃花源好像就是传说中的世外桃源。桃花源是国家5A级旅游景区，由古桃源、伏羲洞、桃花源广场、桃花源国家森林公园、酉州古城、桃花源风情小镇、二酉山世外桃花源文化主题公园七大部分组成，集秦晋历史文化、民俗文化、自然生态文化、天坑溶洞地下河共生岩溶地质奇观于一体。

景区内高大雄伟的石牌坊上，镌刻着著名诗人题写的两副楹联。从桃花溪入洞后，可见洞内钟乳倒挂，似观音坐莲，又如飞禽走兽，千姿百态，无不令人叹为观止。洞中的滴水叮咚有声，恰如铜壶滴漏，在石钟和石鼓上轻叩，声音清脆悦耳，这就是洞中八景之一的"石鸣钟鼓"。洞中石壁石刻也颇多，因年代久远，皆模糊难辨。唯有洞尾左侧高处，古朴遒劲的"太古藏书"四个大字，清晰犹存。

> **点赞** 👍 @粉色公主 春日，仿佛哪个顽童失手打翻了水粉盒，酉阳桃花源被泼上浓重的绿色，又间或掺杂着红色的桃花，似是一幅让人屏住呼吸的水粉画。

❶ 大酉洞

大酉洞洞外桃林夹岸，落英缤纷，洞内土地平旷、阡陌纵横、良田美池、村落点布，有松峰耸翠、石室藏书、飞泉洒玉、玉盘仙迹、龟鹤遐龄、桃涧流红、机织烟霞"桃源八景"，令文人墨客所向往，是休闲、体验、访古寻幽的绝佳去处。

据《酉阳直隶州总志》载："核其形，与渊明所记桃花源者，毫厘不爽。"《四川省通志》记载："酉阳汉属武陵郡之迁陵地，渔郎所问之津，安知不在于此？"专家们从各个方面考察，一致认为这里就是陶渊明笔下《桃花源记》的原型。

Follow Me 重庆深度游

亲子研学

桃源文学

桃花源很早之前就负有盛名，历代都有文人墨客吟诗作赋。除著名的陶渊明的《桃花源记》外，还有《游酉阳大酉洞》《桃源行》《咏大酉洞》《咏大酉洞五律二首》《访大酉洞》等，都是格调很高的诗作，为桃花源的美景做了很好的描述。

❷ 伏羲洞

　　伏羲洞位于金银山绝壁下，全长约3000米，整个洞府体量庞大，气势磅礴，有宽敞的大厅、曲折的廊道、险峻的峡谷、幽深的地下河，还有五彩缤纷的钟乳石，景观秀丽。洞内钟乳挺拔，石笋丛生，石幔高挂，石柱巍峨，石帘低垂，石瀑飞流，地下河幽深。洞体规模之巨大，品种之繁多，色泽之瑰丽，以及形成时代的多期性，沉积物大小的悬殊性，石笋、钟乳发育的密集性，均为我国洞穴所罕见，可谓集洞穴岩溶景观之大成，堪称"地下的世外桃源"。

> **点赞** 👍 @小鱼 由于洞口穹顶有一块巨石，酷似伏羲所做的八卦图，故而得名伏羲洞。洞内景观奇特，气象万千，大自然的鬼斧神工，在这里创造出了罕见的奇迹！

❸ 桃花源国家森林公园（金银山）

　　桃花源国家森林公园位于酉阳县桃花源镇桃花源社区，为古桃源景区西面屏障，又名金银山。公园的山体以"奇、秀、险、俊、雄、美"而知名，植被以"丰富多样、原始珍稀"而见长，水体"清澈见底、甘甜醇美"，到处茵茵绿草、茫茫林海，鸟语花香，野禽嬉戏，可谓一个巨大的天然物种宝库。

重庆郊县

景区的主要景点有彭酉古道、一碗水、莲花奇洞、碉堡、石柱擎天、石柱寨堡、夫妻树、二级水库、喊水泉、森林浴场、林间草坪、柳林蔽日、天然苗圃、仰天窝、林缘秋色、银山雾海等。

攻略

森林公园中3000米长的旅游登山步道与古桃花源景区绝壁栈道相连，沿线建设有13个三星级旅游公厕、20个景观亭，此外还有射击项目、狩猎项目、度假山庄等。

❹ 酉阳古城

桃花源景区是土家族、苗族等少数民族聚居区，保留了大量原生态的民族风情。酉阳古城原名酉州古城，城内主要景观是一条全长1.3千米的民族风情街，以土家族、苗族文化为载体，集土家族、苗族建筑、民俗风情于一体，是游人领略渝东南土家族、苗族文化的窗口。

❺ 桃花源广场

桃花源广场占地8.6万余平方米，呈多层次梯级开发，是武陵山区面积最大、功能最全的综合性文化广场，由健身活动区、休闲区、桃花溪和音乐喷泉组成，这里是举办土家族摆手舞表演的主要场所，也是桃花源景区的重要组成部分。

Follow Me 重庆深度游

攻略

住宿　驴友力荐的住宿地

桃花源景区的住宿非常方便，有多种类型的酒店可供选择。

酉阳利斯卡尔酒店：系集客房、餐饮、休闲、娱乐、度假、会议功能于一体的综合性酒店。位于桃花源镇钟灵山大道西路116号。毗邻桃花源，依山傍水，环境优美，背靠原生态植被公园，面临护城河。

酉阳喜悦秘境酒店：位于酉阳金银山大道北36号，酒店掩映于绿林中，自然风景优美。中式风格的建筑尽显禅意与古韵，房间里有每日赠送的水果，冰箱里饮料、小吃都免费。房间配有除湿机，所以即使在山脚下，也不会觉得太潮湿，性价比较高。

酉州会馆：位于桃花源酉州古城34号，是一座原汁原味的土家四合院落，颇具复古风。会馆距桃花源景区大门步行只需2分钟，交通极为便利。

娱乐　城市魅力深体验

酉阳阳戏：亦称面具阳戏、脸壳戏，是一种集祭祀礼仪与戏剧艺术于一体的民间戏剧，系酉阳"土生土长"的地方剧种，被专家称为酉阳的"文化地理标志"。酉阳阳戏多用真假声相结合的唱法，俗称"金钱吊葫芦"，每一句腔的腔末用小嗓高八度唱。已于2007年被列入重庆市非物质文化遗产名录。

摆手舞：土家族最主要的标志性文化形态，是以摆手为基本动律特征的祭祀性舞蹈，是土家人祭祀神灵、酬报先祖和传承民族文化的重要形式。主要表现内容涉及人类起源、神话传说、民族迁徙、古代战争、狩猎捕鱼、刀耕火种、生产劳动、饮食起居等社会生活的方方面面。一套系列的土家摆手舞，实则是一部活生生的土家族民族发展史。

酉阳的桃花源

四面山
原始森林的基调

微印象

@十面埋伏 这里的环境真是美，四面山景区很大，每个景点都隔着很远，下过雨之后瀑布超级壮观，欣赏着美景，呼吸着新鲜的空气，爽翻了。

@田园牧歌 众多溪流、湖泊、瀑布点染于苍山绿树之间，来四面山感受丹霞地貌，真的很壮观。

门票和开放时间
门票：旺季90元，淡季60元。
开放时间：8:00~18:00。

最佳旅游时间
最好在7~9月，这时气温在22℃~25℃，非常适合避暑休闲。

进入景区交通
位置：重庆市江津区四面山镇。
交通：在重庆陈家坪汽车站和菜园坝汽车站每日有多班车前往江津，在江津客运中心可换乘到四面山景区的车。

景点星级
休闲★★★★★　特色★★★★　美丽★★★★　浪漫★★　刺激★★　人文★★

重庆郊县

四面山景区位于重庆西南部，属云贵高原大娄山北翼余脉，系地质学上的倒置山。四面山集山、林、水、瀑、石于一身，融幽、险、奇、雄、秀为一体，至今保持着原始、自然、古朴的生态环境。它以瀑布为精髓，以森林为肌肤，以丹岩为骨架，以文化为神韵，"千瀑千姿、赤壁丹霞、原始森林、先巴文化、爱情文化"五大特色构成了形态丰富、相互联系、相互依存、独具特色的资源体系。

四面山有东、西部景区之分，东部景区由龙潭湖、望乡台、珍珠滩、土地岩、大洪海组成，西部景区由水口寺、飞龙庙、大窝铺组成，共八大景区，约130个小景点。

小贴士

景点灰千岩附近的"飞龙庙"，乃山外人承包，游客及当地村民多次反映庙中有严重诱骗行为，谨慎为宜。时间充裕的话可考虑在返途中参观中山古镇，"爱情天梯"的故事就发生在这个地方。

攻略

瀑布给了四面山灵气、流动的画卷和飞舞的景致。四面山有"千瀑之乡"的美称，是由望乡台瀑布、水口寺瀑布、土地岩瀑布、鸳鸯瀑布等千余挂瀑布组成而得名。其中最具有观赏价值的是望乡台瀑布，高约152米，宽38米，比贵州的黄果树瀑布高一倍多，2008年被评为全国最美的十大瀑布之一。

❶ 望乡台景区

望乡台景区是四面山核心景区之一，望乡台瀑布以其158米的落差被评为"新巴渝十二景"和"中国最美十大瀑布"，因其外形酷似心形，又被称为"天下第一心"。望乡台瀑布有三叠之美景，白水跳珠——叠玉、赤岩挺立——叠丹、绿荫满山——叠翠。远观瀑布，如白龙飞天，响声如雷，气势磅礴。晚上还可夜游望乡台，观赏全国独一无二的七彩瀑布。

点赞 👍 @思念泛滥 望乡台瀑布是四面山的标志性景点，比著名的黄果树瀑布还高。尤其是每到夏季涨水季节，气流升浮飘逸，阳光斜照，紫烟凌虚，化出无数彩虹。

159

Follow Me 重庆深度游

❷ 龙潭湖景区

龙潭湖是一个宽约百米、长近3000米的自然湖泊。湖中荡舟，既可赏素练飞泻沐浴清风，又可观异果奇花争奇斗艳，既能戏闲鱼悠悠浅游龙潭，又能品纯真猴趣荡野林间。放眼望去，便会产生"一龙凌波起，半湖柔绿痕，和风传倩影，霞阳笼翠情"的浪漫情怀。

> **点赞** 👍 @逆水寒 夹岸大小洪海景色都很美丽，青山隐隐，百花含笑。满湖碧水粼粼，时有鸳鸯双双戏游，十分惬意。

四面山示意图

❸ 洪海景区

大洪海、小洪海为景区主要景点，以幽静之美著称，天然淳朴，毫无人工痕迹，深得自然之趣味，宛如一块晶莹的宝镜镶嵌在翡翠的世界中。山上绿树红花映在湖中的倒影清晰可辨，在湖底形成别具一格的奇观，被称为四面山的"水下森林"。

大洪海周边，两岸青山叠翠，常有麋鹿、山羊在湖边饮水，湖面碧波粼粼，鸳鸯戏水随处可见，不时有白鹭飘然飞起，为幽静的洪海增添了几分野趣。

重庆郊县

❹ 土地岩景区

　　土地岩是四面山景区最具特色的丹霞地貌景观之一，鬼斧神工般的岩壁以其独特的地质构造引得无数游人惊叹。土地岩远观犹如半壁丹岩倒映在湖中所成景象，其上更有栩栩如生的阿凡提、美女图、万卷书等各类图案，让人赞叹不已，遐想不绝。

　　土地岩飞瀑宛如一条洁白的哈达，悬垂于绿树红岩之中，三面赤壁环绕，将银瀑揉成簇簇絮团斜飘深谷，形成梯形水帘，每当曜日当头，彩虹便横贯谷间，蔚为奇观。

点赞 👍 @书香女子 四面山的瀑布独具个性，各显千秋。如果说望乡台瀑布如宽厚的长者，水口寺瀑布若高雅的贵妇，悬幡岩瀑布像矫健的武士，那么，土地岩瀑布恰似那秀发飘逸、楚楚温柔的淑女。

161

Follow Me 重庆深度游

❺ 珍珠湖景区

　　珍珠湖景区是在高山之巅筑坝而成，如一块碧绿的翡翠镶嵌在群山之间，湖水顺山涧而下，在珍珠滩形成三级瀑布，引吭高歌的流水煞有神韵，犹如千万珍珠落玉盘。

　　珍珠湖海拔 1250 米，湖水沁人心脾。珍珠湖著名的杉坪子瀑布，顺山涧飘然而下，团团翡翠、粒粒珍珠撒落红石河谷。珍珠滩衬以滩头镜湖、滩尾舼瀑，汇自然、质朴、原始之美，曲岸迷离，构成一幅绝妙的画卷。

❻ 卧龙沟

　　卧龙沟深藏龙潭湖西岸中段，夹峙着两岸绝壁巉岩，沟内藤蔓悬垂，充满原始野趣。峡谷峻岭排空，天仅一线，终端形成一个坛口。一挂水帘从罅中垂下，在鱼鳞滩上被梳理成万缕银丝，奔突穿行于绿树红石之间。游人在白水织成的素绢和青绿织成的翠锦中攀缘，犹如踏着青云直登天际。

❼ 水口寺景区

　　水口寺景区核心为水口寺瀑布，瀑布从九道拐弯盘旋而下，耳边激水轰鸣，眼前藤萝垂径。一拐到底，忽见高瀑，从洞顶天缝中泻落，轻柔如纱绢。玉珠迸溅，白水迷蒙。瀑布右有天然石佛群像，高踞约百米；瀑左为醒狮岩，俨若昂首啸空，乃四面山秀美之最。

Follow Me 重庆深度游

攻略

住宿 驴友力荐的住宿地

到四面山游玩可住在当地人所经营的农家乐。四面山农家乐分布广泛，从山门所在的四面山镇开始，沿卧龙湖、望乡台瀑布、大小洪海直至渝黔界碑金龙寺一线；从望乡台至水口寺，景区公路两边和湖边风景秀丽的地方，都有当地村民开设的农家乐或农家餐馆。其中四面山镇和大洪海码头地区，农家乐最为集中，交通也最为方便。

世外桃源度假村：位于四面山土地岩景区内。
四面山林海山楼度假村：位于四面山镇头道村张家山村民小组。
土地岩度假村：位于四面山土地岩景区内。

美食 饕餮一族新发现

绞股蓝茶：绞股蓝又名乌七叶胆，为葫芦科绞股蓝植物。每年的5~8月是绞股蓝的收割期，山民们把茎叶一起割下后，洗净晾干再用铡刀切成5厘米左右段状茎叶，经杀青、揉捻、解块、烘干或炒干，即成为绞股蓝茶的成品。在四面山，山民们一直将绞股蓝茶作为常备饮品。因其物美价廉而广受游客喜爱。

猕猴桃酒：泡酒的猕猴桃皆选自深山中的野生猕猴桃。经七七四十九天的浸泡，即为成品。此酒含有丰富的维生素C、B，胡萝卜素，以及微量元素，可以止暴渴，解烦热。但因本品性寒，脾胃虚寒者应慎饮用。

娱乐 城市魅力深体验

中国七夕东方爱情节：这里是爱情天梯故事的发源地，被人们誉为"爱情胜地"，七夕爱情节也应运而生。围绕这一主题开展丰富多彩的活动，有爱情大喇叭，象征着爱就要大声说出来；认养属于自己的爱情树；走"鹊桥"吃爱情长宴；大型狂欢派对等活动。

龙缸景区
地质景观大观园

微印象

@幽幽清香 和好朋友约好去试试胆量,到了玻璃廊桥我们就惊叹了,又兴奋又害怕,去玻璃栈道和天下第一缸走了好几个小时,可一点都不觉得累,龙洞好漂亮,值得去的地方,观光车有很多站,给走不动又想看风景的朋友提供方便。

@M242125142 玻璃廊桥、玻璃栈道惊险、刺激,整个风景区美不胜收。

门票和开放时间
门票:100元。
开放时间:夏季8:00~18:30,冬季8:30~17:30。

进入景区交通
位置:重庆市云阳县清水镇。
交通:在云阳东城车站乘坐前往清水的大巴可至景区。

景点星级
特色★★★★★ 刺激★★★★ 美丽★★★ 休闲★★★ 人文★★ 浪漫★

Follow Me 重庆深度游

龙缸景区面积约为217平方千米。景区地貌奇特，溶洞密布，奇峰怪石、石笋林立、雄险俊秀、千姿百态、美不胜收，是自然科学的博物馆，地质景观的大观园。

龙缸景区集雄、奇、险、峻、幽、静、秀各种神韵于一体，最具吸引力的主体景观是以龙缸天坑为代表的岩溶地貌和以石笋河大峡谷为代表的峡谷景观。除此之外，主要景点还有龙洞、老寨子、映月洞、岐山草场、岐阳关古道遗址、盖下坝湖泊等。

1 龙缸

龙缸是一个长轴350米、短轴170米、深550米的椭圆形天坑，这一深度位居中国第三位，世界第五位。又因其形状似一个天然大石缸，故被誉为"天下第一缸"。

缸内壁如削，壁缝松柏横卧，古藤倒垂，缸底四季吐翠，百鸟争鸣。缸壁上部藤萝覆盖，野花点缀；下部呈青灰色，向坑内投石，需数十秒钟方能听到回声。

2 龙洞

龙洞由前后两厅组成，前厅呈圆形，宽40余米，高近50米，长120米，面积4800平方米，洞内遍布千姿百态的钟乳石，神奇瑰丽，琳琅满目。有"白玉龙床""龙伞""龙壶""龙椅""龙凳""莲台""天鸡报晓"等自然景观。后厅呈五边形，高30米，长300余米，面积6000平方米。里面的石钟乳形态如狮、如象、如龙、如凤，有的张牙舞爪，有的展翅欲飞。

链接　龙洞传说

传说很久很久以前，龙洞里住着龙王的幺女，每当夕阳西下，美丽的龙女就要到龙缸沐浴，附近的嵌月洞边住着个青年樵夫，他父母早亡，从小靠打柴为生。一天，樵夫在山上打柴，忽然听到龙缸里传来呼救声，他循声望去，只见一名少女落进龙缸，拼命挣扎，樵夫奋不顾身地跳下去，将少女救了上来。这落难少女正是龙女，原来她早就爱上了这位勇敢的樵夫，便用此计故意接近他，很快，他们相爱了。可是，好景不长，不久，龙王知道了此事，他万分震怒。于是，龙王呼风唤雨，洪水淹没了龙缸、龙洞和嵌月洞，带走了善良的龙女。后来，龙缸、龙洞的水干涸了，可樵夫仍然站在险峻的锁口岩边等待着龙女归来，年复一年，最后变成了一尊巨石。

3 岐山草场

岐山草场以高山草原风光为主，海拔高度为1000~1650米。春秋山花烂漫，姹紫嫣红，犹如世外桃源；夏天翠峦如波、云雾如海、绿野无际、羊群如云；冬可赏雪，登临高处，放眼是一派白雪皑皑、原驰蜡象的景象。此外，草场内还设有森林迷宫、射击场等游乐设施，在感受自然赐予的清新与宁静之余，亦能体验丰富有趣的娱乐活动。

重庆郊县

攻略

开阔的草场为露营提供了良好的场所，晚上躺在帐篷里看满天繁星是人生不可多得的体验。若是不想露营又想在岐山草场住一晚可选择入住铭雨龙缸假日大酒店，虽然环境一般，但推开窗就是草原、云海的绝佳美景。

④ 石笋河

石笋河是长滩河中最美的一段，北起盖下坝、南至双河口，全长约 12.5 千米，为岩溶地貌的峡谷景观。两岸如削，溶洞密布，石笋林立，幻化出如飞天、村姑、罗汉等各式人物，河水清纯明亮，盛产乌龟、团鱼，或瀑或泉，错落其间，奇松、翠柏、幽竹、冷杉等植物遮天蔽日，黄荆、天麻、贝母、黄连等中药材漫山遍野，黄羊、香獐、黄麂、金猴、野猪等珍稀动物漫步林间。

⑤ 老寨子

老寨子历史悠久，文化深厚，在这里出土了钲、戈、钺、编钟、土陶等器物和与之相邻的賨人打虎楼遗址等。在老寨子上有"女羞池""龙柱""白龙洞"等景点。在这里我们同时还可以观看到"金鹏展翅""长峡神雾""佛光金身""七耀日出""落霞熔金""金猴闹林""峡水倒流""白岩悬洞"等自然风光。

⑥ 映月洞

映月洞位于龙缸北偏东 100 多米处的悬崖峭壁之中，为龙缸的第一层溶洞。洞长 43 米，南洞口高 3.9 米，直径 3.4 米；北洞口高 2.4 米，北端为暗河的出口。每年的中秋之夜，月亮从东方升起不久，月光充盈了整个洞身，集束的银光就像手电一样，由北向南穿洞射出，人们把这一奇特的景观叫作"穿洞映月"。

⑦ 云端廊桥

云端廊桥是龙缸景区一大亮点，云端廊桥建在海拔 1010 米高的悬崖上，悬崖垂直高度 718 米，悬挑长度 26.68 米。

廊桥矗立于千米绝壁之巅，桥面、护栏采用三层夹胶全通透超白玻璃，透视效果超乎想象。踏上桥面，身旁空无一物，脚底万丈悬崖，顿感身如悬浮，凌空微步，步步惊心，刺激无比。

点赞 👍 @一直很安静 站在绝壁之巅，举目远眺，周围群山尽收眼底，才知道什么叫作"山高人为峰"。站在绝壁之巅，仰望天空，蓝天白云似伸手可及，才知道什么叫作"恐惊天上人"。

167

金佛山
蜀中四大名山

微印象

@爱上南京 对于一个很久没有看到过雪的孩子来说是非常激动的，重庆人看雪、滑雪的梦大多是在这里实现的。到山顶滑雪，不过就是费用有点高，其他的都还可以。

@九十五岁 冬天去可以滑雪，夏天去可以避暑，景色真的很美。

门票和开放时间
门票：西坡门票+索道+巴士套票160元。
开放时间：周一至周五8:30~17:00，周末及节假日8:00~17:30。

最佳旅游时间
四季皆宜，风光各不同。春赏杜鹃，夏来纳凉，秋赏红叶，冬迎冰雪。

进入景区交通
位置：重庆南部南川区境内。
交通：在菜园坝旅游集散中心有旅游直达车前往金佛山景区。

景点星级
美丽★★★★★　特色★★★★　休闲★★★★　浪漫★★★　人文★★　刺激★

重庆郊县

金佛山，又名金山，古称九递山，主峰风吹岭，海拔2238.2米，是大娄山脉最高峰。每当夏秋晚晴，落日斜晖把层层山崖映染得金碧辉煌，如一尊尊金身大佛闪射出万道霞光，异常壮观而美丽，"金佛山"由此得名。

金佛山属典型喀斯特地貌，山势雄奇秀丽，天然溶洞星罗棋布，尤以金佛洞和古佛洞最为著名，洞内有山有河，洞中有洞，层层交错，颇为神奇。金佛山林木葱郁，珍稀动植物繁多，其中银杉、银杏、大叶茶、方竹、杜鹃王树属国家一类保护植物，被誉为"金山五绝"。

① 古佛洞

金佛山拥有中国海拔最高的溶洞群，从海拔2000米左右的古佛洞、仙女洞、黑风洞、金佛洞，到山脚的大宝洞、桃源洞，说得出名称的就有近千个溶洞，还有一些不知名的溶洞，更是数不胜数。

与其他地方的溶洞相比，金佛山的溶洞大多规模庞大，洞中套洞，为世人展示着一个跨越时空的奇幻地下世界。而它深厚的历史沉淀，也成为美丽神话故事的催化剂，引发人们无限的想象。

古佛洞就是其中最有名的一个。古佛洞位于金佛山顶峰的中心地带。入洞处较小，来回拐弯48次后，巨大、宽阔的洞厅展现在眼前。古佛洞有支洞8个。主洞长1072米，高20余米，宽40~60米，面积达4万平方米，可容纳10万人。主洞尽端在悬崖峭壁之上。站在洞口边，可看到峭壁上的仙女洞口，更能领略金佛山的无限风光。

点赞 👍 @茶蘼花 古佛洞真的是一个神奇的地方，站在悬崖边的洞口饱览金佛山风光，那感觉真是太酷了。

攻略

天然画壁：画壁长达300余米，高近30米，总面积约9000平方米。画中既有山水风光、名山大川，又有飞禽走兽、大江大河、高山峻岭，似人似物，栩栩如生，惟妙惟肖。画壁是由距今2.5亿年的晚古生代二叠纪黑色灰岩组成。因为岩石较为破碎，后期白色的方解石充填其中，所以形成了黑白分明、对比度强烈的天然画壁。

金丝燕：2003年，重庆金佛山科考探险队在古佛洞内发现了10000余只金丝燕。这种金丝燕被当地人称为"岩燕"。金丝燕要出洞觅食，必须在黑暗中不断发出超声波，来帮助辨别方向，才能安全飞出2000多米长的古佛洞。每到春夏秋时节，人们可以感觉到有成群结队的金丝燕在洞内穿梭飞翔，而冬季则只是偶尔才会有一些金丝燕在洞内啁鸣。

Follow Me 重庆深度游

金佛山示意图

❷ 卧龙潭

卧龙潭依山傍水，沟壑纵横，是峡谷风光中难得的珍品。它以其秀美的原始峡谷风光，飞泉流瀑，茂密的原始森林，雄伟的岩体景观，神秘的隐仙洞洞宫地府，梦幻般的气象景观，源远流长的回龙寺，美丽动听的金佛山山歌系列，民间传说，特色鲜明的民俗文化，展示和浓缩了金佛山原始古朴、神奇的自然风貌。

❸ 石板沟

石板沟位于金佛山东北，海拔 800 米左右，属于石灰岩小型峡谷景观。两岩峭壁，中为溪流穿过，曲折多变，富于情趣。景区由奇峰、石壁栈道、壁泉、一线天、峡谷深潭、小飞瀑、花斑奇石、水帘洞、鱼鳞石、万卷书台、阴阳宝塔、鹿吸水、三迭瀑布、羊儿洞、卧龙潭、梦幻岩、石壁栈道等景点组成。

❹ 生态石林

生态石林也叫小石林，是一处雄奇、原始的喀斯特峰林。在各种奇形怪状的石峰、石柱、石屏上，覆盖着各种珍奇、古老的树、藤、蕨类植物。在林间小道上行走，犹如置身于画廊之中。在一处处美景中，可看到活泼可爱的小松鼠和美丽的小鸟，还可看到许多珍稀而古老的植物，其中有千年树龄的红豆杉，有顺石而生的树根和古藤，形成"树抱石""石抱树"的金佛石林特色。

❺ 烛台峰

烛台峰位于金佛山与柏枝山交会处，峰高逾百米，正看似一座巨大的烛台而得名。烛台峰及周围岩体特性属第四系沉积岩，以上均为山，以下为陡岩，地层成层明显，具有典型的金佛山山原以下地质特片。现有一便道从峰下穿行而过，其余未予开发。

点赞 👍 @小小 峰顶有几株杜鹃花，当鲜花盛开时，恰似蜡烛顶端燃起红红的火焰，从峰下绕行到烛台峰背后，回转一望，又似骆驼半卧，正欲痛饮溪水。

重庆郊县

至武隆

大铺子　　　　　三泉镇
　　　北门管理站
　　　　　　　　② 卧龙潭
银杏皇后
　　　　　　　独码头　　③
　　　　　　　岩口瀑布　　石板沟
北坡索道　　　　　　　龙岩飞瀑　　龙岩城
绝壁走廊　　　　　　　　大睡佛
　　　药池坝　金佛山度假酒店
　　　　　　　　　　凤吹岭　狮子口
杜鹃王子　　④ 古佛洞　①
金龟朝阳观景台　生态石林
　　　滑雪场
天街
　　　金佛寺
牵牛坪
　　　　　　　　　　　　　桥长河坝

　　　　　　石人峰

　　　原始森林

　　　　　　　　　　　南天门
　　　孤岗银杉　　　　九柱峰
　　　　　　　　　　　　　石门宫
　　　　　高穴子　南门管理站
　　　　　　　　　　　凌霄峰
　　　　　母子峰
　　　　　鹰嘴岩　　　童子拜观音
　　　　　锦屏峰
　　　　　　　⑤ 烛台峰
　　　　　　　　　　将军归隐
　　　　　头渡镇
　　　　　　　　　　　　至德隆乡

171

Follow Me 重庆深度游

❻ 动植物标本馆

动植物标本馆位于金佛山西坡境内，设有动物、植物两个展厅和银杉、杜鹃、珍稀植物三个展室。金佛山有"植物王国"之美誉，山上珍稀植物种类繁多。据查有333科5880种；其中古生植物250余种，特有植物136种，稀有濒危植物82种，珍稀植物52种。金佛山原始森林中，还栖息着150科523种野生动物，其中属国家保护的动物有37种。该馆陈列了金佛山的动植物标本6000多种。

亲子研学

金佛山杜鹃花

金佛山是我国杜鹃花种类最丰富、数量最多的山体之一，多为难得一见的名贵乔木杜鹃，乔木杜鹃花冠硕大、花色艳丽，比灌木杜鹃更具观赏价值。其中弯尖、麻叶、金山、阔柄、黄花、喇叭是金佛山独有品种，并有已在金佛山生长了千年以上的"世界杜鹃王"。在杜鹃花会期间，将有44种、30多万株珍贵乔木杜鹃花竞相绽放，扮靓金佛山。

❼ 神龙峡

神龙峡原始植被极为丰富，目视所及一片翠绿，是离重庆主城最近、最原始的生态峡谷之一。神龙峡主景区属典型的"V"字形深切峡谷，两边山峰高耸，壁立千仞，气势磅礴。峡谷内溪流蜿蜒，清澈透明。鱼游浅底，鸟翔空谷，甚是悠然。

攻略

神龙峡绝壁景观有归龙谷鱼鳞岩、猫豚大绝壁、神龙洞绝壁、火烧岩悬崖等；瀑布有磨子洞瀑布、飞龙瀑布、碧泉映月瀑布、神龙洞瀑布等；峡谷两岸植被多为近年生灌木林、刺竹林，植物较为丰富；神龙峡谷最宽处大淌河坝约为100米，最窄处苏家岩约为10米。

神龙峡漂流：全长约4.2千米，总落差达100多米，顺流而下漂完全程需要两个半小时左右。漂流出发点，就是一个很陡的斜坡，漂下去的橡皮艇一下就淹没在激流中，双手牢牢抓住橡皮艇安全绳的体验者，顷刻之间全身湿透，嘴里一阵尖叫。

神龙峡徒步：从神龙峡景区大门进去，到漂流起点里隐湖，有一条养生步道，步道在峡谷中蜿蜒，两旁小桥流水，灌木竹林郁郁葱葱。景区导游介绍，峡谷里空气负氧离子含量极高，气温凉爽，是徒步旅游避暑的天然氧吧。沿步道溯溪而上，沿途可见"佛手印""豹子岭"等峡谷奇观。

攻略

重庆郊县

交通 驴友亲历线路推荐

金佛山西坡交通线路：重庆内环线—上界水高速（69千米）—南川出口（下高速后十字街口左行）（9千米）—文凤镇—先锋镇—（三岔口左行）天马公路（9千米）—天星度假区—经景观长廊—金佛山西坡景区大门。

金佛山北坡交通线路：重庆内环线—上界水高速—大铺子出口（下高速）—佛山东路—三泉镇（右转岔路进入景区公路）—金佛山北坡景区大门。

住宿 驴友力荐的住宿地

金佛山旅游开发较为完善，特别是在旅游住宿方面，游客一般有以下多种选择：

南川城区内的酒店宾馆：绝大多数南川知名酒店都集中在南川城区内，并且从普通的家庭旅馆到高档的星级宾馆一应俱全；不同级别的酒店完全能够满足不同层次游客的住宿需要。

金佛山景区农家乐：农家乐是金佛山的一大特色，主要分布在金佛山北大门三泉镇、北坡索道下站卧龙潭、翡翠谷直至索道上站药池坝接待中心沿线。不同农家乐不同特色，极富山村野趣。

娱乐 城市魅力深体验

牵牛坪滑雪：牵牛坪滑雪场，海拔2080米，冬季积雪长达4个月。雪场拥有初级雪道两条，雪上飞碟道一条，同时配有游客戏雪区。雪具大厅设有收银区、雪具租赁区，还设有滑雪学校、VIP高档接待室、特色风味餐厅，能提供雪具租赁和餐饮服务。

高山欢乐场滑草、露营：牵牛坪高山欢乐场位于金龟朝阳环步游道里，主要以冬夏两季近10种游乐项目为亮点，冬可滑雪戏雪，遍览南国雾凇，夏有草地太空球、滑草项目、高山野营帐篷旅馆等。

173

白鹤梁水下博物馆

世界首座水下博物馆

微印象

@三平居 世界唯一建在水下的博物馆。不得不佩服中国人的智慧与担当！馆内有免费讲解，建议去之前了解一下讲解时间。另外，现场凭预约信息购票入馆，过时预约作废。

@baizidian 水下参观的模式，和在上面参观完全是两回事，很是推荐。

门票和开放时间
门票：50元。
开放时间：周二至周日9:00~17:00（16:30停止售票，周一闭馆）。

进入景区交通
位置：重庆市涪陵区滨江大道二段185号。
交通：乘涪陵113、119、125、302、306等路公交车至白鹤梁站下，步行即可到达。

景点星级
特色★★★★★　人文★★★★★　美丽★★★　休闲★★　刺激★★　浪漫★

重庆郊县

白鹤梁位于长江上游涪陵段江心中,是一块长约1600米、宽约16米的天然巨型石梁,只有在每年12月至次年3月长江水枯的时候才露出江面,因此成为三峡先民观测水位变化、预卜农业丰歉的标志。白鹤梁上留下了三峡先民为测量长江枯水水位而雕刻的18尾栩栩如生的石鱼,连续记载了长江的枯水水位和枯水发生的周期,系统地反映了长江上游枯水年代水位演化情况,具有重要的水文科学价值,比1865年我国在长江上设立的第一根水尺——武汉江汉关水文站的水位观测记录要早1100多年,被称为"世界第一古代水文站"。

只要白鹤梁露出水面,历代文人墨客都喜欢在梁上题刻,因此白鹤梁上的题刻纵横交错。据统计,白鹤梁现存题刻165段,3万余字,题刻书法篆、隶、楷、行、草皆备,颜、柳、苏、黄俱全,素又有"水下碑林"的美誉。在众多题刻中,尤以宋代大文豪、书法家黄庭坚的"元符庚辰涪翁来"题刻最为著名。

在三峡工程修建后,白鹤梁由于江水上涨将永沉水底,为了让后人能观赏这一文物,国家投入2亿建设了白鹤梁水下博物馆,这也是世界首座水下博物馆。水下博物馆就是在白鹤梁原址上修建一个保护壳体,通过水下参观的方式,使游客领略白鹤梁千年的历史人文和风俗民情。

解说

据长江干流多年实测的水文记录表明,长江最枯水位出现周期约为10年,与石鱼的记录颇为吻合。故而石鱼题刻对研究长江中上游的枯水规律、航运及生产设置等都有重大的史料价值。当地有"石鱼出,兆丰年"之说,1953年、1963年、1973年,白鹤梁上的石鱼3次露出水面,而这几年当地也都大获丰收,因而石鱼被看作是农业丰歉的预告表。

❶ 地面陈列馆

地面陈列馆分为两层,一层为接待及功能转换空间,设咨询接待区、序厅、尾厅、水下参观等候区、纪念品售卖区等。

二层为陈列展示空间,分为"水——世界大河文明中的水文观测""尺——白鹤梁题刻的科学价值""诗——白鹤梁题刻的人文价值""馆——世界首座水下题刻博物馆"四个单元。详细记录了白鹤梁题刻的历史变迁,并收藏了在原址上复制下来的题刻拓片,以及伴随白鹤梁题刻流传下来的传说、故事。

攻略

建议进入水下参观区前先参观地面陈列馆,这样可以对白鹤梁有更多的了解,增添水下参观的趣味性。

❷ 水下参观区

水下参观区,包含斜坡廊道、水平廊道、参观廊道、水下题刻原址四个部分。观众须乘坐长91米的电动扶梯缓缓进入水下,穿越约150米的水平廊道,步入长江之心水深40米的参观廊道,透过23个圆形观察窗一睹白鹤梁题刻的原貌。

攻略

从观察窗望去,石鱼、书刻等都展现在面前,最近的题刻只有1米,最远的也不过8米左右。水下题刻周围安装了6排共1万多盏灯,可以保证游客清晰地看到题刻。在观察窗之外的水中还安装了28个可旋转摄像机,通过触摸屏调节可以欣赏到题刻的细致部位,还能通过电脑数据库调集与眼前景观相关的录像资料等,全程都有博物馆工作人员讲解。

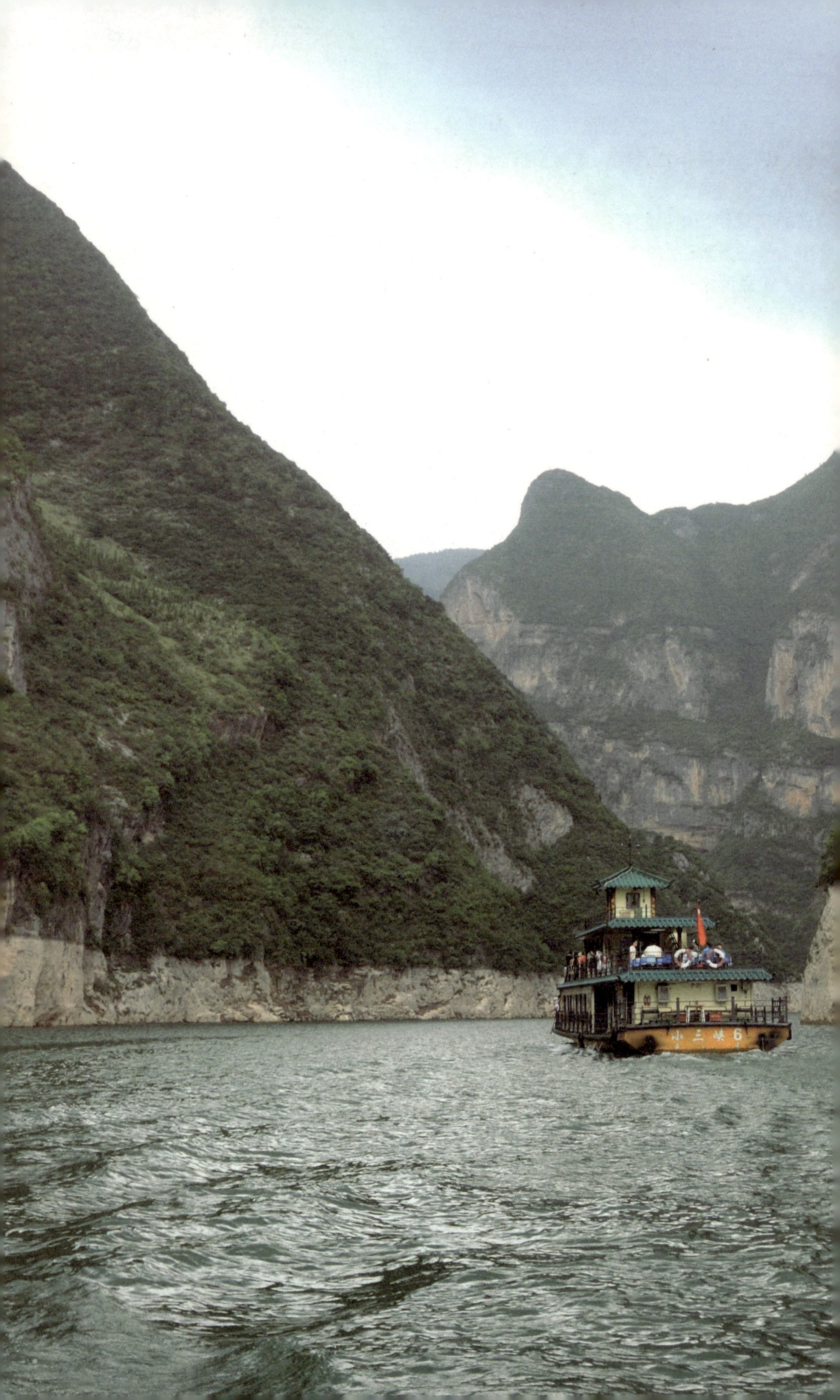
小三峡6

第5章
长江三峡旅游区

巫峡

瞿塘峡

巫山小三峡

丰都名山

张飞庙

重庆深度游
Follow Me

微印象

@浪子书屋 "高峡出平湖,神女应无恙,当惊世界殊"。雄伟的大坝、幽幽的三峡、舒适的游船、浪漫的旅程!"男人想着这个地方,女人梦着这个地方",青山绿水间体验舟从地窟行,碧波凌凌间体验三峡的魅力。

@一个人的行走 不管怎样,长江值得一游,名气大的三峡的确有一种震撼力,如果说九寨—黄龙的风景是美丽少女的话,长江三峡就是一位阳刚之气十足的壮士,韵致各有不同。

门票和开放时间

景点	门票	开放时间
神女溪	130元	8:30~13:00
白帝城	旺季100元,淡季60元	8:30~19:00
巫山小三峡	120元	8:00~18:00
丰都名山	90元	7:30~16:30
张飞庙	35元	8:00~17:30

最佳旅游时间

4~12月是长江三峡的旅游旺季。丰水期到三峡旅游比较好,可以尽情游览三峡的秀丽风景。三峡每个季节都有不同的美丽景色,遇到节日的时候会相应地举行一些活动。秋季三峡两岸的红叶也是旅游的一大看点。

景点星级

特色★★★★★ 美丽★★★★★ 休闲★★★★★ 人文★★★★ 浪漫★★★★ 刺激★★

长江三峡旅游区

余秋雨在《文化苦旅》中写到,在国外曾有外国朋友问他,中国有意思的地方中,哪里最值得去,而且只能说一个。而他说,这样的提问他遇到过许多次,常常随口吐出的回答是三峡。

长江三峡位于中国的腹地,属亚热带季风气候区。三峡西起重庆奉节的白帝城,东到湖北宜昌的南津关,全长200千米左右,是瞿塘峡、巫峡和西陵峡三段峡谷的总称,为长江上最奇秀壮丽的山水画廊,也就是常说的"大三峡"。这里两岸高峰夹峙,一般高出江面1000~1500米,最窄处不足百米。江面狭窄曲折,江中滩碛棋布,水流汹涌湍急。由于这一地区地壳不断上升,长江水强烈下切,而形成三峡,因此水力资源极为丰富。

长江三峡人杰地灵,大峡深谷,曾是三国古战场,是无数英雄豪杰用武之地;这儿有许多名胜古迹,如白帝城、黄陵、南津关、孙夫人庙等。它们同旖旎的山水风光交相辉映,名扬四海。

长江三峡以其险峻的地形、绮丽的风光、磅礴的气势和众多的名胜古迹著称于世,为世界著名的旅游胜地、世界大峡谷之一,也是我国的旅游热点地。

Follow Me 重庆深度游

巫峡

巫峡在重庆巫山和湖北巴东两县境内，西起巫山县城东面的大宁河口，东至巴东县官渡口，绵延45千米，包括金蓝银甲峡和铁棺峡，峡谷特别幽深曲折，是长江横切巫山主脉背斜而形成的。巫峡又名大峡，以幽深秀丽著称。整个峡区奇峰突兀，怪石嶙峋，峭壁屏列，绵延不断，是三峡中最秀丽的一段，宛如一条迂回曲折的画廊，充满诗情画意，可以说这里处处有景，景景相连。

瞿塘峡

瞿塘峡又被称为夔峡，东起巫山县大溪镇，西至奉节县白帝城，全长8千米。在长江三峡中，虽然最短，但其最为雄伟险峻。两岸峭壁千仞，一赤一白，红装素裹，格外分明。山体逼仄，紧束长江，山高流急，气势雄壮，以其雄伟壮观，奇、险、峻的特色著称于世。

长江三峡示意图

180

长江三峡旅游区

三峡大坝

三峡大坝旅游区于1997年正式对外开放，是国家5A级旅游景区，现拥有三峡展览馆、坛子岭园区、185园区、近坝园区及截流纪念园共5个园区，总占地面积共15.28平方千米。旅游区以世界上最大的水利枢纽工程——三峡工程为依托，全方位展示工程文化和水利文化，为游客提供游览、科教、休闲、娱乐为一体的多功能服务，将现代工程、自然风光和人文景观有机结合，使之成为国内外游客向往的旅游胜地。

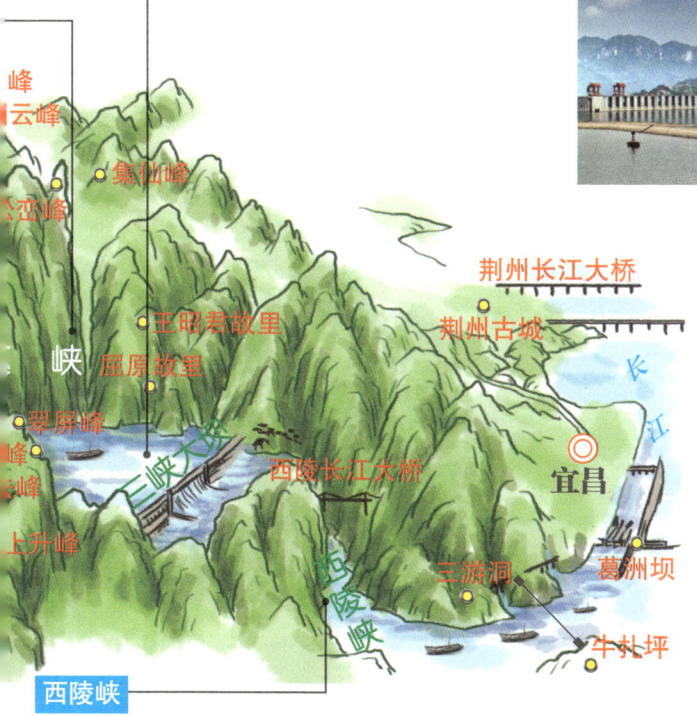

西陵峡

西陵峡在湖北宜昌市秭归县境内，西起香溪口，东至南津关，约长66千米，是长江三峡中最长、以滩多水急闻名的山峡。整个峡区由高山峡谷和险滩礁石组成，峡中有峡，大峡套小峡；滩中有滩，大滩含小滩。自西向东依次是兵书宝剑峡、牛肝马肺峡、崆岭峡、灯影峡四个峡区，以及青滩、泄滩、崆岭滩、腰汊河等险滩。

181

Follow Me 重庆深度游
交通攻略

位置：西起重庆奉节的白帝城，东至湖北宜昌的南津关。

① 关于出发地选择

长江三峡旅游最好选择从重庆出发的下水线路，而非上海、南京、武汉出发的上水线路。其原因是上水行船，航速较低，体验不到清风拂面和"轻舟已过万重山"的畅快感。游三峡亦如看人生，最美的回忆，总是那不经意地稍纵即逝。

② 关于游览方式

长江三峡的各大景点均分布在长江两岸，长江三峡旅游非特别说明，一般为乘船游览。由于游览方式特殊也带来了一些问题。虽然三峡大坝建成之后，长江三峡段的水流已经不像当年那样湍急，但还要提醒各位游客别带病前往。夜晚吹吹江风很惬意，但江风较凉，不可常吹，注意添衣，容易着凉。三峡景点中不乏上岸爬山景点，游客应穿运动鞋，谨防摔倒。

③ 关于游轮选择

长江上航行的三峡游船有两种，分为国内船与涉外游轮。国内船又称普通游船，分四个舱等，三等为六人间，二等为四人间，一等为二人间，特等为大床间或标准间，船票费用在450元~1300元/人，饮食费用在200元/人左右，消费相对低廉，比较适合经济旅行。涉外游轮又称豪华游轮，是设计的环境达到酒店标准的游轮。

④ 关于进店

长江三峡旅游管理部门管理严格，几乎不存在进店一说，这方面游客不必担心。在船上也有一些高档纪念品店，价格略高。但这些店不是传统意义的旅游商店，就是商店，爱买买，爱逛逛，不喜欢可以不去，选择度大。在各大景区门口有很多兜售稀奇玩意的小贩，喜欢的朋友可以购买。

⑤ 关于返程

一般三峡游轮都能准时停靠，赶航班的游客不必着急，不过上船之前最好事先订好返程票。

长江三峡旅游区

❻ 关于船票预订

游客如想参加三峡旅游，一定注意通过正规的三峡旅行服务机构提前预订。三峡旅游为预订长途旅行，不一定当天买票就能当天上船。每天发班的游轮不一样，价格会有一定差距，提前订能够选到自己心仪的游轮。

娱 乐 攻 略

长江三峡国际旅游节：旅游节期间，会举办三峡摄影大赛、环峡游自驾活动、智慧旅游活动、三峡库区"一线多环"特色旅游活动、国际黄金水道三峡邮轮之旅等多项主题活动。14个区县也分别有重庆长寿湖国际铁人三项邀请赛、奉节兴隆天坑地缝消夏避暑季、忠县烽烟三国营销活动、巫溪国际高山音乐汇等多个节庆活动。

高峡平湖新景观出现后，长江三峡除了传统的游轮停靠景点，也增加了不少新景点，如忠县大型实景演出"烽烟三国"、涪陵武陵山大裂谷、开县汉丰湖等。除传统的游轮观光外，长江三峡陆上自驾路线规划的陆续出炉，也成了三峡旅游的另一个新选择，其线路涵盖赏花踏青游、古镇休闲游、消夏避暑游等，如长寿"湖滨漫步古镇休闲"一日游、垫江"春日牡丹花海"一日游、梁平"禅宗品竹宴"两日游、巫山"踏青赏花"两日游等。

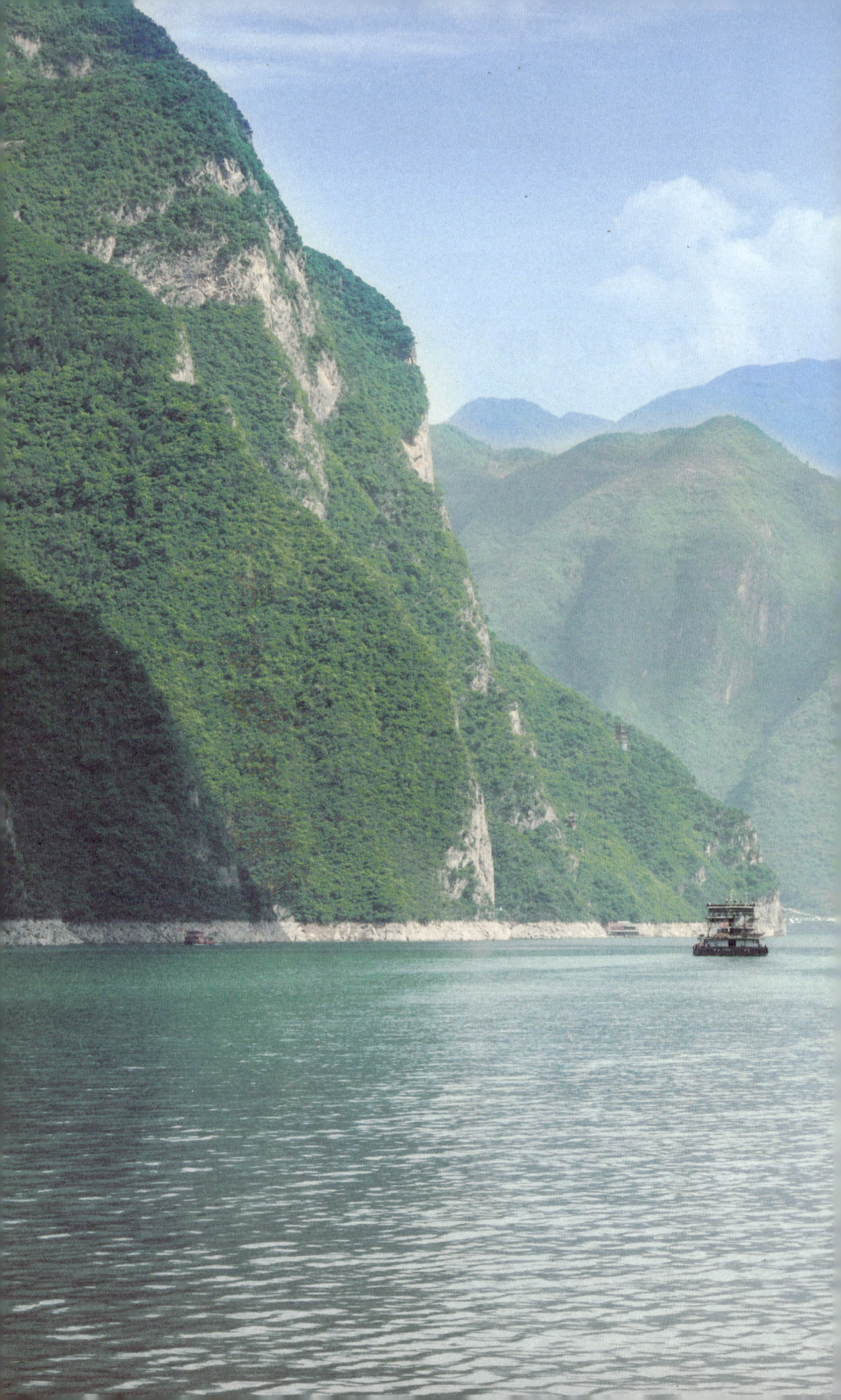

三峡两岸山峰连绵，风光秀丽，来往船只在平静的江面行驶。

巫峡

三峡七百里　唯言巫峡长

微印象

@鲸鱼小姐 既美丽又壮观，春天去的，所以放眼望去，满眼是青翠大自然的绮丽风光。

@追忆逝水年华 这里的山都不似南方的丘陵绿绿翠翠，而有种沟壑满目、苍茫的感觉。

@一碗海鲜粥 看过巫峡，我只有一个感觉，"除却巫山不是云"绝对名不虚传。巫峡无愧世界奇景三峡中"最秀美最绮丽的一段"这一殊荣。

门票和开放时间

游览巫峡，可以坐在游轮上欣赏两岸风光，不需要门票，只要天气好，无论何时都可以游览。

最佳旅游时间

由于三峡大坝的建成，现在已经不存在丰水、枯水期一说，船可直达巫山。但为了看到更好的风景，建议春、夏出行。巫山经常下雨，一定要带伞，雨衣也行。

进入景区交通

位置：西起巫山县城东面的大宁河口，东迄巴东县官渡口，绵延40余千米。

交通：从重庆可坐船前往巫峡参观。

景点星级

美丽★★★★★　特色★★★★★　人文★★★★★　休闲★★★★　浪漫★★★　刺激★

长江三峡旅游区

巫峡又名大峡，古人称为"巴峡"，以"秀"著称，包括金盔银甲峡和铁棺峡，是长江横切巫山主脉背斜而形成的。巫峡位于重庆巫山和湖北巴东两县境内，西起重庆市巫山县城东面的大宁河口，东迄湖北省巴东县官渡口。

峡内有三台八景十二峰及孔明碑等景点。

❶ 巫峡长江大桥

巫峡长江大桥，三峡库区唯一建在峡口上的大桥，远看，是那么精致，近看，是那么雄浑，无论远看还是近看，巫峡长江大桥与整个巫峡口结合得那么紧密，与蓄水后的湖面结合得那么紧密，在梦幻般的湖光山色之间，增添了一抹更具魅力的亮色。

"高峡出平湖"，大桥边，一湖平水，少了滚滚东去、惊涛裂岸的险峻，却多了细数山川、品味文化的温馨。这一弯美丽的彩虹，正是高峡平湖的结点。

❷ 金盔银甲峡

金盔银甲峡是巫峡中的一段小峡，位于巫山下游10千米处。因其形状似鳞片，颜色呈灰白色，好像古代武士披挂的银甲；高处的石灰岩盔形山顶，呈黄褐色，如同古代武士戴的金盔。这里的江北岸，有一条小溪，名叫横石溪，平时清澈见底，流水潺潺。在这条溪流与长江汇合的山嘴上，有一处居民点，名叫横石。

👪 亲子研学

东西四峡

巫峡分为东西两段，东段由铁棺峡和门扇峡组成，西段由金盔银甲峡和箭穿峡组成。

铁棺峡： 因曾在绝壁石缝中发现一具黑色悬棺，俗称"铁棺材"而得名。它长约10千米。目前悬棺群保存最完好的是巫溪县东北25千米的荆川坝，那里有24具黑棺。铁棺峡两岸怪石嶙峋，形成一种天然雕塑，个个妙趣横生。

门扇峡： 位于楠木园，巫峡口之间，长2.5千米，大面山、尖子山南北对峙，像两扇大门扼住东去的江水，故而得名。峡内绝壁夹峙，有险绝的板壁岩和链子溪古栈道，又有历代留存的岩壁石刻。两岸峭壁如门，江水拍打着岸边褐红色的火焰石，风光奇绝。

箭穿峡： 位于长江三峡中巫峡的西段，老鼠洞的东面，从峡口向北岸望去，在朝云峰下一座黑黝黝的山梁上，有个对穿的石孔，相传楚霸王于此打赌，一箭射穿石梁，因此这段峡谷名叫箭穿峡。

Follow Me 重庆深度游

❸ 神女峰

十二峰中以神女峰最著名且最富魅力，峰上有一挺秀的石柱，形似亭亭玉立的少女。她每天最早迎来朝霞，又最后送走晚霞，故又称"望霞峰"。相传，西王母幼女瑶姬携狂章、虞余诸神出游东海，过巫山，见洪水肆虐，于是"助禹斩石、疏波、决塞、导厄，以循其流"。水患既平，瑶姬为助民众永祈丰年，行船平安，立山头日久天长，便化为神女峰。她耸立江边，峰顶可见云雾缭绕。细雨蒙蒙，沾衣欲湿，畅快清爽。云雨中的青峰绝壁，宛若一幅浓淡相宜的山水国画。

延伸　十二峰

巫峡中两岸青山连绵，群峰如屏，江流曲折，幽深秀丽，宛如一条天然画廊。巫山十二峰分布在巫峡两岸。江北由西向东依次为登龙、圣泉、朝云、神女、松峦、集仙六峰。南岸也有六峰，但在江中能见到的，依次为飞凤、翠屏、聚鹤三峰，其余净坛、起云、上升三峰并不临江。

如欲游览，须从飞凤峰附近的青石溪溯流而上，到兰厂登岸，才可领略三山的雄姿。因此陆游在《三峡歌》中写道："十二巫山见九峰，船头彩翠满秋空。"唐代诗人赞美巫山十二峰的诗句，有"巫山十二峰，皆在碧虚中"；"巫山峨峨高插天，危峰十二凌紫烟"。巫山十二峰中，以神女峰最富魅力。

🧑‍🧒 亲子研学

孔明碑的由来

离神女峰不远的集仙峰，形似群仙相聚，上分两叉，很像剪刀插天，故又名剪刀峰。峰下的孔明碑是巫峡区内不少古址中游人容易见到的。孔明碑是峰下的一长方形白色岩壁，凹进去略成碑形，上刻有"重岩叠嶂巫峡"、"名峰耸秀"、"巫山十二峰"三排苍劲大字。

相传"重岩叠嶂巫峡"六字为诸葛亮所书，故人称"孔明碑"，为巫峡中著名的古迹。据说碑上原来还有小字碑文，内容为《隆中对》中诸葛亮主张联吴伐魏的一段文字。此碑历来为游客思古怀归之著名景点。

攻略

攀上神女峰观红叶，不但有"会当凌绝顶，一览众山小"的观峰之感，而且可尽情地观赏漫山遍野"红叶世界"的壮丽，让你流连忘返。立于美峰俯瞰长江峡湖美景，又有"人在天上游，船在地窟行"的意境。留宿山上人家享受"农家乐"，又有晚送红日落、早迎朝霞来的黄金良机。

188

❹ 大禹授书台

　　大禹授书台位于巫山县城东 30 千米处的飞凤峰内，面对着神女峰。相传大禹来到巫山，苦于治水无方，一天他梦见一块台子上放着一个箱子，里面便是治水的天书。第二天他便进山寻找天书，果然有一女子捧着一个箱子，打开一看果然是治水的法宝。大禹按图索骥很快就治好了水患，从此人们把这个平台叫作"授书台"。

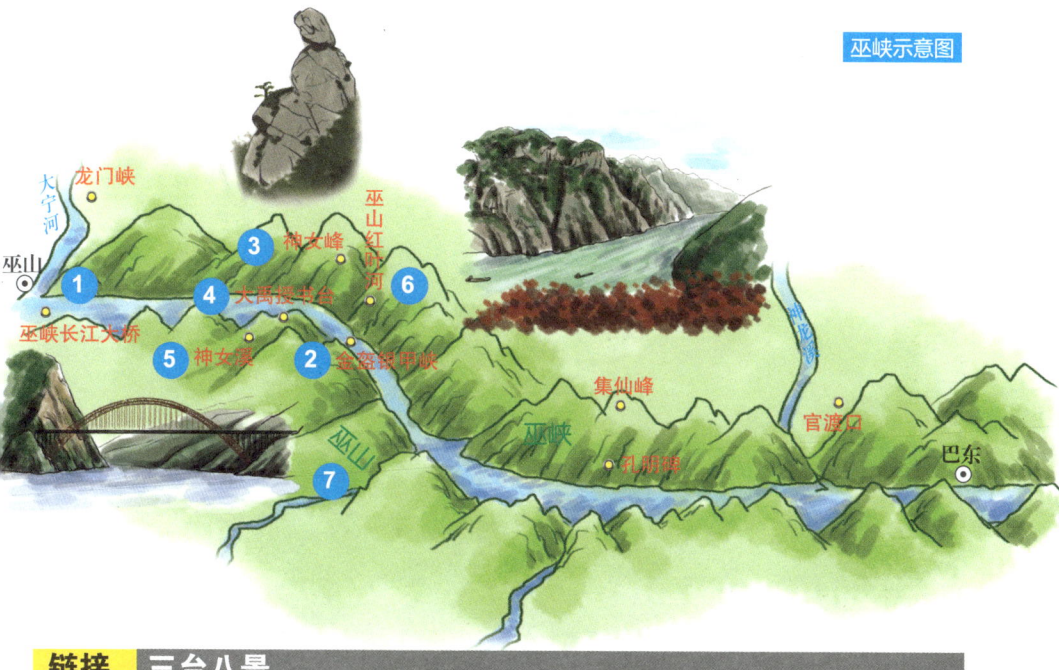

巫峡示意图

链接　三台八景

三台：除大禹授书台外，还有楚阳台和斩龙台。
八景：宁河晚渡、青溪渔钓、阳台暮雨、南陵春晓、夕霞晚照、澄潭秋月、秀峰禅刹、女观贞石。

❺ 神女溪

　　神女溪全长 15 千米，距巫山县城 20 千米，位于神女峰对岸、巫峡南岸，溪内山高谷深，处于人迹罕至的原始状态。景区风光绮丽、静谧宜人，恍若隔世。

　　再往溪流上游寻行，可以到达两河口一线天深处、净坛峰风景区。峡涧变得窄挤，水流急，至今无人企及，是三峡旅游线上的一处旅游处女地。从前，只有极少数摄影家知道，如今已成为长江三峡最具魅力的景区。

189

Follow Me 重庆深度游

6 巫山红叶河

巫山红叶河地处抱龙河中段，离神女峰 15 千米，核心景区在十二迷宫洞一带。这里奇峰峻岭，人烟稀少，全是红叶，蓬蓬勃勃，风一吹，叶落满山，像红地毯，落到河里，就成了一条红亮亮的小河，所以被形象地称为红叶河。红叶土名黄栌子，民歌赞道"黄栌子油亮亮，烧起来火旺旺，煮的红苕甜，烧的苞谷香"。红叶河景区还有窄门峡、埠头湖、十二滩等景点，风景秀丽，景色迷人。

7 巫山

巫山山脉位于川鄂交界区，北与大巴山相连，呈东北西南走向，主峰乌云顶海拔 2400 米。长江由西向东横切巫山背斜，出现了百里巫峡。由于巫山是我国著名暴雨区之一，雨量大，又系石灰岩地区，在长期风雨侵蚀和河川深切之下，形成了气势峥嵘、姿态万千的座座奇峰秀峦，十二峰就是巫山峰林中引人入胜的佼佼者。

延伸　名诗中的巫山

巫峡谷深峡长，日照时短，峡中湿气蒸发不散，容易形成云雾。云雾千姿万态，有的似飞马走龙，有的搭地蠕动，有的像瀑布一样垂挂绝壁，有时又聚成滔滔云纱，在阳光的照耀下形成巫峡佛光，因而古人留下了"曾经沧海难为水，除却巫山不是云"的千古绝唱。

"更立西江石壁，截断巫山云雨，高峡出平湖。"当年毛泽东同志的那篇豪放大气的词章就好像也是为巫山量身定做的，经过几十年的发展，在今天的巫山，都变成了可以逐句对照的现实。

瞿塘峡
夔门天下雄

微印象

@行走天下 从重庆坐船去宜昌，经过的第一个峡谷就是瞿塘峡，我觉得瞿塘峡还是很壮观的，夔门也很宏伟，大自然很奇妙。

@小虾米 坐在船上，看着两边闪过的风景，瞿塘峡确实很不一般，树木、雾气、阳光环绕在一起，别有一番洞天，最适合在朝阳初升的时候看，雾蒙蒙的很不错。

@情系大山 碧水江边，山中有水，水中有山，碧绿滴翠，环绕其中。乘船顺流而下，一股清风拂面，回荡山谷中，仿佛诗仙李白作诗之音。让人也诗兴大发，大赞山峡之绝。

门票和开放时间
门票：瞿塘峡、白帝城景区联票旺季100元，淡季60元（包含白帝城至瞿塘峡夔门古象馆的船票）。

开放时间：8:30~19:00，17:30停止入园。

进入景区交通
位置：西起白帝城，东至巫山大溪镇，全长约8千米。

交通：重庆龙头寺长途车站坐直接到奉节的班车，然后换乘去白帝城景区的小巴，游览过白帝城后，乘船游览瞿塘峡。

景点星级
美丽★★★★★　人文★★★★★　特色★★★★　休闲★★★★　浪漫★★★　刺激★

Follow Me 重庆深度游

瞿塘峡，又名夔（kuí）峡，是长江三峡中最精华的一段，自古以美丽雄壮著称，十元人民币背面的风景就取自这里。"峨眉天下秀，青城天下幽；剑门天下险，夔门天下雄。"这里所说的夔门指的就是瞿塘峡。

站在夔门，你能观赏到两岸高山拔地而起，把长江锁在峡谷之内，任其奔流的壮观景象。自三峡大坝储水之后，长江三峡的风光比以前更美，虽不见"众水会涪万，瞿塘争一门"的壮景，但"一江清水现夔门，平湖秀色悄然现"的意境更是让人流连忘返。

瞿塘峡虽仅8千米长，却是最令人屏息的一段江峡。两岸如削，岩壁高耸，大江在悬崖绝壁中汹涌奔流，自古就有"险莫若剑阁，雄莫若夔门"之誉。瞿塘峡是三峡中最短的一个峡，却有"西控巴渝收万壑，东连荆楚压群山"的雄伟气势。

瞿塘峡的名胜古迹多而集中，令人目不暇接。峡口的上游有奉节古城、八阵图、鱼复塔。峡内北岸山顶有文物珍藏甚多的白帝城，惊险万状的古栈道，神秘莫测的风箱峡；南岸有题刻满壁的粉壁墙，富于传说的孟良梯、倒吊和尚、盔甲洞，洞幽泉甘的凤凰饮泉等。在风箱峡下游不远处的南岸，有一座奇形异状的山峰，突起江边，人称"犀牛望月"，惟妙惟肖。出瞿塘峡，峡口南岸的大溪文化遗址，具有重大的考古价值，距白帝城仅几千米的杜甫草堂遗址，更是诗人流连忘返之处。

攻略

瞿塘峡有个炮台，炮台是看瞿塘峡的绝佳地点。俯首是滚滚江水，江上船只随波逐浪。对面的峡上不少石刻，令人叹为观止。记得有一句，"夔门天下雄，舰机轻轻过"，隔江而看，很清晰。

长江三峡旅游区 |

❶ 白帝城

　　白帝城位于瞿塘峡口的长江北岸。据传西汉末年，公孙述割据四川，自称蜀王，因见此地一口井中常有白色烟雾升腾，形似白龙，故自称白帝，于此建都，并将紫阳城名改为白帝城。

　　白帝城是观"夔门天下雄"的最佳地点，现存白帝城乃明清两代修复遗址。历代著名诗人李白、杜甫、白居易、刘禹锡、苏轼、黄庭坚、范成大、陆游等都曾登白帝，游夔门，留下大量诗篇。李白的《早发白帝城》更是脍炙人口。故白帝城又有"诗城"之美誉。

　　白帝城内陈列有瞿塘峡悬棺内的文物和隋唐以来73块书画碑刻，以及历代文物1000余件，古今名家书画100余幅。其中"竹叶字碑"诗画合一，风格独特；"三王碑"镌凤凰、牡丹、梧桐，精美华丽，堪称瑰宝。此外，还有著名的春秋战国之交的巴蜀铜剑，其形如柳叶，工艺精湛；东、西两处碑林，陈列着70多块完好的石碑，其中隋代碑刻距今已有1400多年的历史。

亲子研学

天下诗城

　　历代诗人对白帝城一带的诗篇，构成了一幅长江三峡历史、风俗、景观、民情的巨幅画卷。特别是诗圣杜甫，在白帝城生活一年多的时间，写下的夔州诗达460多首，约占现存杜诗的三分之一。

　　在白帝城上的十贤堂里，供奉着杜甫、李白、白居易、刘禹锡、苏轼、范成大、陆游、王十朋、傅作楫、张朝墉十位诗人。这些诗人，都在白帝城留下了许多著名的诗篇。近些年，奉节县通过编撰《夔州诗全集》，基本上查清了历代诗人的情况。据统计，上千位诗人在这片土地上写下了上万首诗章。

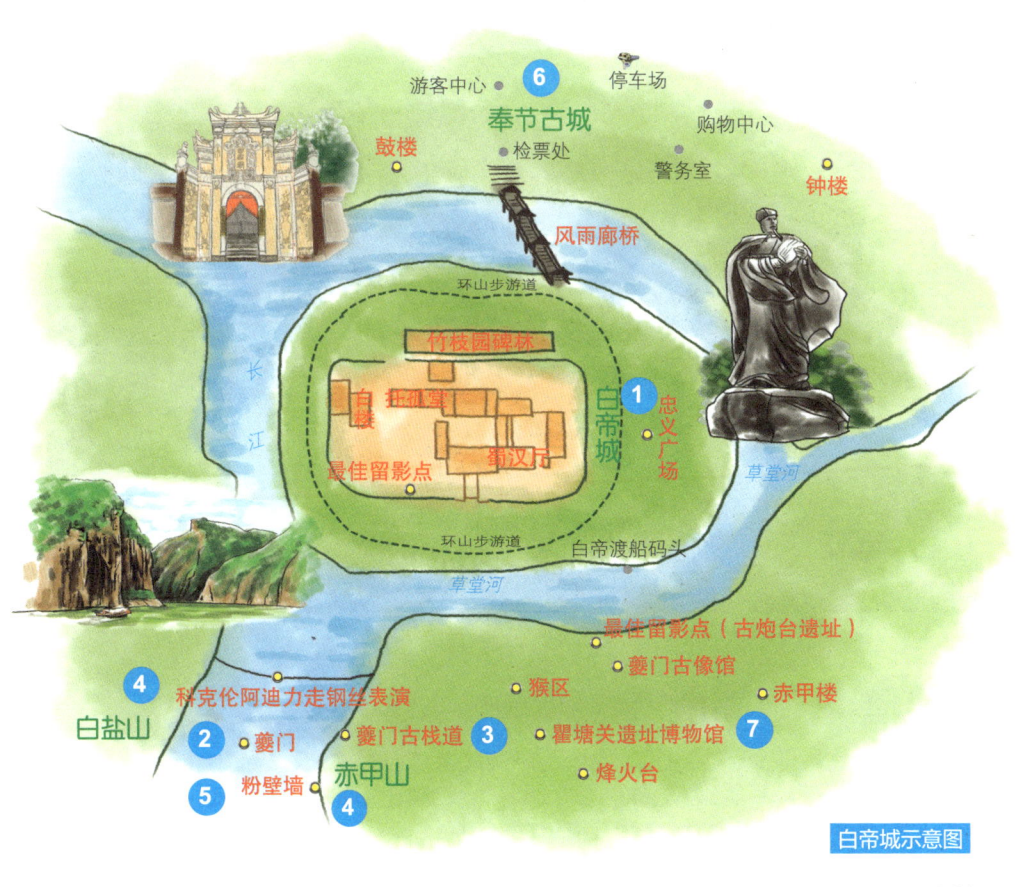

白帝城示意图

193

Follow Me 重庆深度游

❷ 夔门

　　夔门段江水湍急，两岸高峡耸立，高达几百米，宽却不足百米，因其形如一道门口守护着三峡，故名夔门。长江上游之水纳于此门而入峡，是长江三峡的西大门，又名"瞿塘关"。

　　夔门水势湍急，大诗人杜甫曾作诗"众水会涪万，瞿塘争一门"，一个"争"字，活脱脱刻画出夔门的滔滔水势。临江的石壁上，刻有孙元良的"夔门天下雄，舰机轻轻过"十个大字，还有李端浩的篆刻"巍哉夔门"和行书"夔门瞿塘"等均历历在目，清晰可见。

❸ 夔门古栈道

　　夔门古栈道位于瞿塘峡北岸的绝壁上。古栈道从白帝城下连通巫山青莲溪，全长65千米。它是由夔州知府汪鉴等人集资筹建，于清光绪十四年（1888年）9月动工，历时3年完成。瞿塘段内有4千米全是从峡江峭壁上开凿出来的石槽，远望如刀削。

　　该栈道的建成，连接了巫山至奉节的陆上交通，成为当时贯通三峡的要津。后人在绝壁上刻下"天梯津隶""开辟奇功"8个大字，来纪念这一千古壮举。三峡工程蓄水到139米后，古栈道已部分淹没。

❹ 白盐山、赤甲山

　　夔门两侧的高山，南名"白盐山"，北曰"赤甲山"，拔地而起，高耸入云。近江两岸则壁立如削，恰似天造地设的大门。白盐山系因黏附在岩石上的水溶液主要含钙质，色似白盐而得名；赤甲山因含有氧化铁的水溶液黏附在风化的岩层表面，此山土石呈红色，如人袒背，故名赤甲山。

长江三峡旅游区

两座山隔江相望，一个红装，一个素裹，可谓奇景。两座山都是石灰岩，长期的风剥雨蚀，使两岸岩壁好似刀削斧砍一般，形成十分秀丽的片段景观。面江迎风的绝壁陡岩，虽然寸草难生，但各现异彩，这些色调和晨曦、晚霞、明月交相辉映，形成了"赤甲晴晖""白盐曙色""夔门秋月"等胜景。

❺ 粉壁墙

在赤甲山上，有一块岩壁的颜色和其他地方不一样，呈现出粉红色，这里就叫作粉壁墙。在粉壁墙上，有著名的瞿塘摩崖题刻。在这些众多的摩崖题刻里，比较有名的、也可以说形体比较大，游客在船上能清晰看见的有两个：一个是由民国时期孙元良将军写的"夔门天下雄，舰机轻轻过"，写出了瞿塘峡特色所在；另一个是著名的爱国将领冯玉祥将军所写的"踏出夔巫，打走倭寇"，以激励由此出川抗日的将士。

❻ 奉节古城

奉节位于长江北岸，是川东著名的古城。春秋战国时期曾先后属庸、夔巴诸小国，后为楚国所并。秦汉至隋在此分别设置鱼复、永安、人复、信州、阳口等县（州）。唐初改称奉节。奉节地处瞿塘峡口，大江东下，梅溪河、草堂河北来。沿江两岸传有"奉节十二景"，如"武侯八阵""白帝层峦""峡门秋月"等。

奉节城内有刘备托孤的永安宫、甘夫人墓、杜甫寓址等遗迹。据地方志载，奉节县城址曾有过5次迁徙，迁徙的范围大致在今奉节至夔门之间的沿江两岸，其中北岸的白帝城，至今尚有城墟可寻。古奉节县，三国时由鱼复改为永安，县治在白帝城一带；宋代向西迁至今址，此后再无变动。今奉节城系明成化十年（1474年）修筑，距今已有500多年的历史。城依山面江，周长3千米，有5座城门。

195

Follow Me 重庆深度游

攻略

奉节紫阳鸡为典型的当地农家风味菜，以精选的土鸡和腊猪蹄为料，鲜香可口，腊猪蹄入口即化，是到奉节不可错过的佳肴。

❼ 瞿塘关遗址博物馆

瞿塘关遗址博物馆以瞿塘关古烽火台、古炮台为依托，融战争与诗情、历史与自然于一体，被专家誉为"三峡第一馆"。瞿塘关遗址博物馆位于瞿塘峡口左侧，与白帝城隔水相望。前临大江，后枕赤甲。从建筑到环境、从内容到形式，体现出一种大气魄、大境界，构成了一道独特的人文风景线。

登上瞿塘关遗址博物馆制高点古炮台遗址，高峡平湖、夔门雄姿、白帝古城，尽收眼底，美不胜收。

解说

瞿塘关遗址博物馆的藏品十分丰富。

古烽火台： 步入"瞿塘烽烟"厅，从展厅宽敞明亮的落地窗向外望去，便是著名的瞿塘关古烽火台，瞿塘关古烽火台利用天然突兀巨石，四周用规整的砂石垒砌而成，是三峡地区保存最完好、最具代表性的烽火台，也是瞿塘烽烟的实物见证，具有极高的历史价值。

瞿塘关模拟全景图： 位于"瞿塘烽烟"厅内。其左侧为距今一千八百年的汉砖砌成的仿古城墙，右侧为抢救切割的瞿塘峡黑石滩奇石砌成的石壁。展厅两侧的墙壁上，悬挂由瞿塘峡摩崖石刻搬迁前留下的巨幅"夔门""瞿塘"石刻拓片，以及当地出土的兵器文物。

观景长廊： 依山而建，除白帝城观音洞搬迁的观音造像及清光绪年间"云行雨施"碑外，还刊刻了弘一法师"无边境界"等墨迹。

三峡神女厅： 展示的东汉女裸跪式俑，均为巫山出土。其中"奶拿"（Nana）型雕像很是奇特。女裸跪式俑造型原始奇特，与"三星堆文化"和"玛雅文化"人像有异曲同工之妙，是没有受中原文化影响的艺术杰作。其造型给人一种震撼、神秘与敬畏之感。

云根堂： 以杜甫"入天尤石色，穿水忽云根"诗意命名，展示了万年阴沉木和亿万斯年瞿塘奇石，是三峡古生态的实物见证。三峡地区的先民认为大木是通天达地的天梯，具有神的意志和灵性。木板刻制的冯其庸《瞿塘石歌》、范曾《题靖宇木雕》等墨迹，十分难得。

巫山小三峡
天下奇峡

微印象

@萧瑟秋风 小三峡的美很安静，山壁上有人唱着歌，我们坐着船，水很绿，悬棺很肃穆，很有韵味的一个地方，看了小三峡，一些山山水水也不过如此，很喜欢。

@粉色公主 游览小三峡需要一下午的时间。巫山小三峡，是龙门峡、巴雾峡、滴翠峡的总称。现在三峡大坝的建成，使得河道宽了很多，可以容纳大船进出。

门票和开放时间
门票：120元。
开放时间：8:00~18:00。

最佳旅游时间
以夏秋季节最佳。夏天这里水流量大，小三峡的漂流会更刺激且更有味道；秋天小三峡两岸的枫叶染红了山峰，好似一幅天然的油画。

进入景区交通
位置：大宁河下游，巫山境内，全长约60千米。
交通：游览小三峡，一般是从巫山县城边的大宁河口上船，逆水而上，进龙门峡，经巴雾峡，至滴翠峡，然后折回。

景点星级
美丽★★★★★　　特色★★★★　　休闲★★★★　　人文★★★　　刺激★★　　浪漫★

Follow Me 重庆深度游

　　巫山小三峡是长江三峡的第一大支流大宁河下游在巫山县境内的龙门峡、巴雾峡、滴翠峡的总称。

　　巫山小三峡景区内有多姿多彩的峻岭奇峰，变幻无穷的云雾缭绕，清幽秀洁的飞瀑清泉，神秘莫测的悬崖古洞，茂密繁盛的山林竹木，是一处玲珑奇巧的天然盆景；有攀树纵岩的嬉戏猴群，成双成对的结伴鸳鸯，展翅纷飞的各种水鸟，畅游碧水的多种鱼类，树丛里百鸟啼鸣的欢歌笑语随时可闻，堪称名副其实的风景动物园；有谜存千古的巴人悬棺、船棺、古寨，是一处珍贵的历史遗迹。

攻略

　　游人在船上可以欣赏两岸高耸的峰峦和奇峰怪石，以及流泉飞瀑，不时有猴子成群出现的青翠欲滴的山坡；船到浅滩，游人可到滩下活动活动，拣几粒三峡石；在一些山崖的高处，游人可以看到在峭壁的岩洞里，有古代神奇的悬棺；在岸边的岩壁上，人们还可以看到古代栈道的遗迹。

❶ 龙门峡

　　龙门峡长约3千米，峡口两山对峙，峭壁如削，天开一线，状若一门，形势甚为险要，因此有人称它"不是夔门，胜似夔门"。出了龙门峡，就是著名险滩"银窝滩"了。这里山回水转，滩险流急，实为航程上的险途。过了险滩即进入巴雾峡。

亲子研学

大宁河古栈道遗址

　　在巫山龙门峡西岸崖壁之上，依次排列着无数整齐、方正的石孔，这就是大宁河古栈道遗址。栈道石孔多呈四方形，孔径20厘米见方，孔深30厘米左右。上下孔眼交错成倒"品"字，上排两孔插木桩，铺木板，下孔插木柱斜撑木板，构成三角形支撑架，从而修筑成供人畜行走的"栈道"。

　　大宁河古栈道遗址，按其主要功能，可以宁厂古镇后溪河口作为分界，划为北上段和南下段。结合有关历史考古资料分析可知，北上段古栈道主要是运盐通道，而南下段则是架设笕竹管道，输送宝源山麓天然盐泉至巫山大昌坝及巫山城郊等处煮盐的输卤栈道。

　　古栈道以大宁河为主干，从龙门峡口经巫溪县延伸到陕西的镇平县、湖北溪县、重庆城口县一带。大宁河栈道总长约400千米，其长度超过著名的剑阁栈道，在我国古栈道遗迹中首屈一指。

长江三峡旅游区 I

巫山小三峡示意图

- 至宁厂古镇
- 大昌古镇 ❻
- 大宁河
- 大昌湖
- 双鹰戏屏
- 石柱沟
- 赤壁摩天
- 涂家坝
- 金猴峰
- 飞云洞
- 滴翠峡 ❸
- 船棺
- 登天峰
- 巫山小三峡 ❹
- 马渡河
- 长滩峡
- 秦王峡
- 兰撑峡
- 罗家寨
- 天泉飞雨
- 磨岩佛像
- 牛肝马肺
- 双龙镇
- 大宁河
- 悬棺
- 八戒拜观音
- 美女洗头
- 巴雾峡 ❷
- 观音坐莲台
- 仙女抛绣球
- 仙女洞
- 琵琶洲
- 东坪湖
- 熊猫饮水
- 渝宜高速
- 最佳留影点
- 灵芝峰
- 九龙柱
- 青狮门卫
- 龙门古寨
- 龙门峡 ❶
- 巫山
- 大宁湖
- 长江

199

Follow Me 重庆深度游

❷ 巴雾峡

　　巴雾峡长约 10 千米，这里两岸怪石嶙峋，形成一组组天然雕塑，个个妙趣横生。东岸崖壁上有一金鳞闪闪的长岩，很像从天外遨游归来的巨龙，且龙首已经进洞；对岸山腰有一溶洞，洞口有块黄色圆石，犹如正欲出洞的猛虎；西岸悬崖下有串串倒悬的钟乳石，其模样像是两匹骏马，其头已进山，但马尾和后腿还在山外，被人形象地称为"龙进山、虎出山、马归山"。

❸ 滴翠峡

　　滴翠峡是小三峡中最长的一段峡谷，峡中既有磅礴的气势，又有玲珑剔透的小景。20 千米长的峡谷显得幽深、秀丽。峡内群峰竞秀，绝壁连绵，无岩不苍，有水皆飞泉，游人深感起名"滴翠"，很是贴切。主要景观有水帘洞、仙蕉林、摩崖佛像、天泉飞雨、罗家寨、绵羊崖、赤壁摩天、悬棺、双鹰戏屏、飞云洞等。

> **点赞** 👍 @冬天的想念 小三峡的美景在滴翠峡中体现得最充分。那"赤壁摩天"是一片高达数百米的峭壁，如刀削一般，直插云天，在阳光的照射下，金光闪闪，真是名副其实的赤壁。

❹ 巫山小小三峡

　　巫山小小三峡是大宁河支流马渡河下游的三撑峡、秦王峡、长滩峡三段峡谷的总称，全长约 20 千米。小小三峡是大宁河小三峡的姊妹峡，因比大宁河小三峡更小，故名"小小三峡"。这里奇峰多姿、山水相映、风光旖旎、水流平缓、清澈见底，两岸悬崖对峙，壁立万仞，河道狭窄，天开一线，像一处玲珑奇巧的峡谷盆景，有挡不住的诱惑。它是小三峡风景区中一颗璀璨的明珠，一朵绚丽的瑰宝。

　　长滩峡： 自双河至平河，全长 5 千米。峡中有一段长约 2 千米的河滩，宽十余米，水平如镜，沙石洁白，两岸山水掩映，故名长滩峡。峡内有滴水岩、聪明泉、手爬岩、穿洞子等景致。长滩峡三段

长江三峡旅游区 |

峡谷全长 20 千米，这里奇峰多姿，山水相映。有惊无险的回归大自然参与式漂流——"中国第一漂"实在是挡不住的诱惑。

秦王峡： 从上渡口至双河，全长 4 千米，这里山清水秀、幽深静谧，水流平缓，清澈见底。峡内有望乡台、龙头岩黄龙过江、鲤鱼跃龙门、仙女迎宾、仙乐钟、罗汉堂等景点。

三撑峡： 河道狭窄，峭壁参天，水流湍急而无拉纤之路，逆水上行，必用篙竿不停撑船，故有"三撑"之说。这里原始植被无损，沿途翠色映目，随处生就离奇钟乳，满天飘洒飞瀑雨雾，充满浓郁的诗情画意。

攻略

重庆花卵石： 主要产于重庆长江及马渡河长滩峡，该石大多形态似鹅卵，也有的造型生动，纹理清晰，图案似动物、山水、人物等，应有尽有。绚丽奇异如珠似宝，芳华似丹如青；画面尽映万象生灵，或太虚幻化，空蒙卷澜。

漂流： 小小三峡的漂流分为半漂和全漂。如果选择全漂，可从大昌坐船然后乘车到达出发点，但是不能感受拉纤的惊心动魄；如果选择半漂，就从大宁河的分岔口逆流而上。

小小三峡内既能乘柳叶形小木船，纤拉杆撑，擦着河底卵石迎着激浪缓缓而行，饱览两岸秀美风光，也可以乘坐橡皮艇，挥动三尺银桨，把握航向、顺流而下，可尽情领略水花飞溅、有惊无险的漂流。

⑤ 宁厂古镇

巫溪宁厂古镇距巫溪县城 14 千米，是重庆市公布的首批历史文化名镇。古镇依山傍水而建，青石街道逼仄，吊脚楼、过街楼等古建筑和民居沿后溪河蜿蜒伸达 3.5 千米，俗称"七里半边街"。

宁厂古镇有 4000 多年的制盐史。宁厂古镇是三峡地区古人类文明的发祥地和摇篮，堪称世界的"上古盐都"和世界手工作坊的"鼻祖"。

201

Follow Me 重庆深度游

攻略

自驾游路线： 重庆—梁平—万州—云阳—奉节—巫溪—宁厂古镇，车程约五个半小时。
自助游路线： 在重庆龙头寺汽车站乘大巴前往巫溪新县城，乘坐公交前往巫溪老县城，在巫溪老城鹿子桥码头乘坐小巴士前往宁厂古镇。

❻ 大昌古镇

　　大昌古镇又叫泰昌古镇，地处巫山县北部，大宁河左岸，小三峡上游。大昌古镇始建于晋代，距今已有1700多年历史，是三峡地区唯一保存完整的古镇，也是一座"四门可通话，一灯照全城，堂上钉板子，户户听得见"的袖珍古城。街上牌坊和明清古建筑群青砖黛瓦、雕梁画栋、翘角飞檐、古风浓郁。古镇还保存了手工酿酒、织布等民间工艺，原汁原味地展现了千百年来大昌人民的生活、生产画面。

攻略

　　到大昌古镇，温家大院是一定要去的。这座始建于清朝初年的建筑是古镇上规模最大、保存最为完好的建筑。它坐西向东，占地320多平方米。整个建筑为穿斗式结构，大院由门厅、正厅、后厅三部分组成，均以椽木作为房梁屋顶，共有12柱37架梁。窗棂镂木雕花，工艺考究。
　　雕花窗户像巨大的双喜字，刻有仙桃、蝙蝠、菊花、牡丹等祥瑞之物。天井里的水漏是排污水和雨水的地方，天井四周围合的房屋形成了走廊。正厅是家族长老会客的地方，摆放着两把椅子，上方"祖遗厚德世代昌隆"字迹刚劲、寓意颇丰。

攻略

美食 饕餮一族新发现

张氏三糕："碗碗糕、甑蒸糕、糯米年糕"被誉为"张氏三糕",原是巫山古城驰名的小吃,至今已有600多年的历史。走进巫山县城,就会听到卖糕的叫卖声,随便一家都很好吃。

巫山翡翠凉粉：俗称斑鸠叶豆腐、柴豆腐、神豆腐。它是将野生臭黄荆植物的叶片压榨成汁液,通过传统工艺加工而成的一种半透明的胶"豆腐",颜色似翡翠而得名。富含果胶和蛋白质,有清热、降火、排毒养颜之功效,具有食用和药用价值。

巫山魔芋鸡：此菜里配的手工魔芋不是普通的软魔芋,而是当地特有的手工脆魔芋,配料鸡肉也是精选三年以上老土鸡加上秘制汤底、配料烹制而成的。鸡肉麻辣劲道,魔芋弹滑劲道。

巫山烤鱼：发源于巫山的特色美食,在流传过程中,融合腌、烤、炖三种烹饪工艺技术,充分借鉴传统川菜及川味火锅用料特点制作而成。鱼肉香脆可口,麻辣鲜香,是当地口味奇绝、营养丰富的风味小吃。

购物 又玩又买嗨翻天

巫山雪枣：原产地为巫山大昌古镇,是巫山县著名土特产之一。该食品形状似枣,长八九厘米,直径二三厘米,表面白粉穿衣,如霜似雪,故名雪枣,又因其质地酥脆,细嫩香脆,入口即化,老幼皆宜,颇受食者喜爱。

三峡杂糖：又名灶君糖。是一种面食甜点,因其干、酥、脆、甜的特点而得名,其主要成分是面粉、鸡蛋等,通过小火慢烤至表皮金黄色即可。三峡杂糖是三峡地区传统的名特产品,距今已有100多年的历史。

巫山顶上茶：原名巫山神茶,产于长江三峡流域的云山雾岭之中,采用一种当地独有的名叫"林檎"的树叶精制而成的茶叶。茶汤呈琥珀色,其茶水在夏季有隔夜不馊的绝处,是天然解暑饮品,被当地人称为"长寿茶"。

巫山李子：于每年7~8月间成熟,是当地人最喜欢的水果之一。李子味酸,能促进胃酸和胃消化酶的分泌,并能促进胃肠蠕动,因而有改善食欲、促进消化的作用。

丰都名山

中国神曲之乡

微印象

@就爱臭豆腐 游客超多的景点，基本没有什么原始建筑了，奈何桥是古时候留下来的，被当作经典的重头戏了。

@文艺女青年 很小的时候去过一次，记忆中很多牛鬼蛇神的雕塑，然后看看风景，领略一下鬼城的鬼文化。

@那时的日子 丰都鬼城，没有想象中那么阴森恐怖，其实就是一座庙，供奉的是阎王！挺精致的。

门票和开放时间

门票：90元。

开放时间：7:30~16:30。

进入景区交通

位置：重庆市丰都县名山镇。

交通：

1.轮船：重庆朝天门码头到丰都码头轮船随时都有（请咨询朝天门售票大厅），六个小时到达丰都，停靠丰都老县城，下船即是景区。

2.汽车：在重庆四公里长途汽车站有发往丰都的班车，下车为丰都新县城，然后转乘丰都204路公交车到景区。

景点星级

特色★★★★★　人文★★★★★　刺激★★★★　休闲★★★　人文★★★　美丽★★　浪漫★

长江三峡旅游区 |

　　丰都县位于四川盆地东南边缘，境跨长江两岸，地处长江上游，至今已有1900多年历史。这里流传着许多鬼神传说，《西游记》《聊斋志异》《说岳全传》《钟馗传》等许多文学名著对"鬼城"丰都均有生动描述，颇富传奇色彩。

　　"鬼城"丰都是一座依山面水的古城，古为"巴子别都"。丰都鬼城名山包括丰都名山、鬼国神宫、双桂山。丰都名山系道家72洞天福地之一，名山古刹多达27座；东汉和帝永元二年置县，素以"鬼国京都""阴曹地府"闻名于世，是传说中人类亡灵的归宿之地。

❶ 名山

　　名山原名"平都山"，因北宋苏轼题诗"平都天下古名山"而改名。相传汉代有阴长生、王方平两人曾先后在平都山修道成仙，白日飞升。道家就把这里列为道都的"洞天福地"之一。至唐代，有人误将"阴""王"两姓连缀为"阴王"，于是名山就逐步被传说附会为"阴王"（阴间之王）所居之地，即演变成"阴曹地府"的鬼都了，并随之陆续建起了许多与"阴曹地府"相关的寺庙殿宇，有哼哈祠、报恩殿、奈河桥、玉皇殿、百子殿、无常殿、大雄宝殿、鬼门关、黄泉路、望乡台、天子殿、二仙楼、城隍殿、九蟒殿等30多座。山上还有苏轼、陆游、范成大等历代名人的碑刻题咏。

解说

　　在中国的汉代，两个名叫阴长生、王方平的人前往丰都境内的名山修炼，两人的姓拼在一起就是"阴王"，与"阎王"谐音。后来这里就被附会为阴曹地府的鬼都了。由于三峡大坝的修建，名山现在已经成为一座江中半岛，游客可乘船前往参观。

205

Follow Me 重庆深度游

❷ 双桂山

参观完名山的阴世鬼都之后，人们踏过跨在两山之间的壮观的仿古建筑铁索吊桥——"阴阳桥"，就到了"阳间"双桂山。双桂山海拔400余米，面积约1平方千米。这里风景优美，绿树茂密，流水潺潺，曲径通幽，建有孔庙、鹿鸣寺、苏公祠、玉鸣泉等楼阁泉池，还建有纪念周恩来的"恩来亭"，纪念刘伯承早年在丰都讨伐袁护国的"护国亭"，纪念贺龙的"贺龙亭"等建筑。

❸ 哼哈祠

哼哈祠内塑哼哈二将。传说哼将叫郑伦，本是商纣王的大将，官至督粮上将，曾拜度厄真人为师，学得一身绝技。度厄真人授他窍中二气，碰到敌人时，鼻子一哼响若洪钟，并喷出两道白光，吸人魂魄。哈将陈奇也是商纣王的大将，曾得异人授秘术，炼成腹内一股黄气，张嘴一哈，黄气喷涌，对手魂魄自散。陈奇曾与降周的郑伦交战，一哼一哈，不分胜负。武王灭纣后，姜子牙归国封神，封郑伦和陈奇镇守两释山门，宣布教化，保护法宝，为哼哈二将之神。

❹ 奈河桥

大名鼎鼎的奈河桥位于名山半山腰，是名山"鬼城"中难得的一处古迹，原为寥阳殿附属建筑，始建于明朝永乐年间，距今已有600多年的历史。这是一座沟通历史与现实、连接"阴曹"与"阳界"、审视善良与罪恶、宣制生存与死亡的"试金桥"。左边是健康桥，象征着年年健康；右边是财富桥，象征着年年有财。

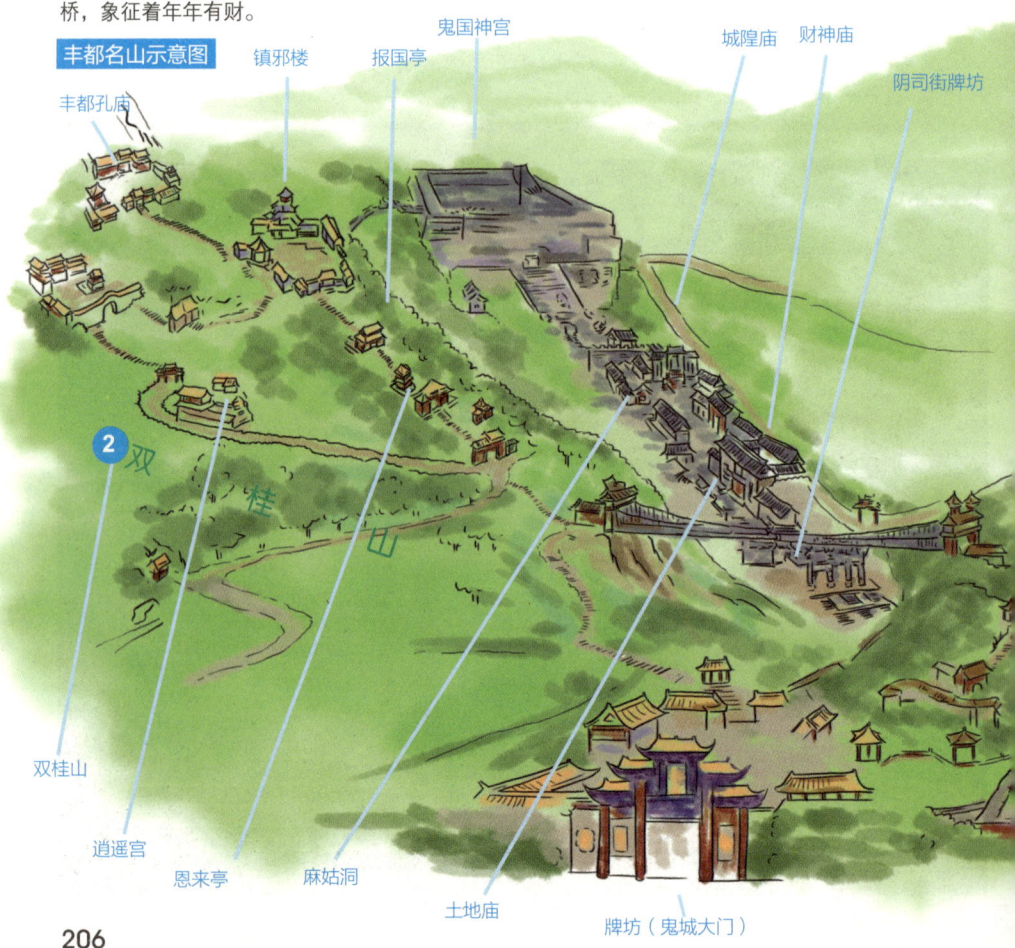

丰都名山示意图

丰都孔庙　镇邪楼　报国亭　鬼国神宫　城隍庙　财神庙　阴司街牌坊　双桂山　逍遥宫　恩来亭　麻姑洞　土地庙　牌坊（鬼城大门）

长江三峡旅游区 |

奈河桥　百子殿　鬼门关　二仙楼　天子殿　五云楼

哼哈祠

十二殿

九蟒殿

蓼阳殿

幽冥世界　报恩殿　药王殿　财神殿　名山

207

⑤ 蓼阳殿

　　蓼阳殿原为明蜀献王朱椿的香火殿。蜀献王朱椿素有"蜀秀才"之称，传为朱元璋的第十一个儿子，明洪武二十三年（1390年）被封为蜀王。他文韬武略，长相俊儒，举手投足间都有一种大将的风范，因而深得朱元璋的宠爱。他入川后，很快便平定了南北番人的骚乱，并倡导礼教，轻徭薄赋，礼贤下士，广罗人才，史称"蜀人由此安业，日益殷富，川中二百年不被兵革，椿力也"。

⑥ 天子殿

　　天子殿坐西向东，最早修建于西晋，距今已有1700多年历史，现存的天子殿是清康熙三年（1664年）重修的，距今有300多年历史。全殿由牌坊、山门、殿堂三部分组成，对称地排列在一条中轴线上。牌坊为木石结构的三重檐坊，山门为重檐歇山式屋顶，两边的钟鼓楼均为四角攒尖顶，殿堂为砖木结构，硬山式屋顶，穿斗式梁架。该殿系鬼城的核心部分，也是名山上建筑年代最久、面积规模最大、保存最完整的一座庙宇。

⑦ 报恩殿

　　报恩殿原建于民国时期，重建于1984年，内塑报恩菩萨目莲像，两旁是他的弟子闵公和闵志。目莲也叫目犍莲，是释迦牟尼的十大弟子之一，传说他神通广大，能飞上兜率天，为第一行孝者，很受世人敬仰，终年香火不断。

长江三峡旅游区

❽ 财神殿

财神殿内塑像为文财神比干和武财神赵公明。

比干是商纣王的叔父，为人正直，对纣王忠心耿耿，他见苏妲己迷惑纣王，扰乱朝纲，又见纣王整日荒淫无度，且暴虐凶残，便多次冒死直谏。纣王非但充耳不闻，还将比干剖心害死。人们为了纪念比干处事公正，秉公办案，于是为他修了财神庙，并奉他为文财神。

武财神是赵公明，是一个道教的虚构人物。据说他能驱雷电、呼风雨、除瘟疫、祛病灾，并兼管诉讼，伸张正义，平反冤案，监督买卖，使双方生财，所以被民间奉为财神。在《封神演义》里，又称他能迎祥纳福，追捕逃犯，手下有四位正神，他们和赵公明合称"五路财神"，很受世人敬仰。

延伸 雪玉洞

雪玉洞位于龙河峡谷的左岸，为一个峡谷状地下河洞穴，洞内80%的钟乳石都"洁白如雪，质纯如玉"，故名"雪玉洞"，被誉为"中国最美的溶洞"。

雪玉洞上下共三层，分为六大游览区：群英荟萃、天上人间、步步登高、北国风光、琼楼玉宇、前程似锦。其中世界级奇观有四处：一是规模最大、数量最多的塔珊瑚花群（俗称兵马俑）；二是晶莹剔透、最薄最长的石旗王；三是直径达4米、冰清雪洁的地盾；四是傲雪斗霜、长达2.5米的鹅管王。

雪玉洞除了石钟乳景观外，水和空气也是一绝。洞中的水尤其清澈，特别纯净甜美；洞中二氧化碳含量较高，常年温度在16℃~17℃，具有极高的医学疗养价值，空气中的负离子对某些呼吸道疾病也有一定的疗效。

专题 丰都鬼城的鬼文化

古代关于鬼神的典籍可谓比比皆是，《山海经》《楚辞》《搜神记》《聊斋志异》《太平御览》《太平广记》《子不语》《夜谭随录》等古籍，或讲鬼神故事，或谈神论鬼，从不同角度反映了中国鬼神信仰的广度和深度。除了典籍，中国鬼神文化还广泛地存在于民俗之中，其中最典型、最集中、最具特色的当数丰都鬼城。

丰都鬼城的鬼文化有着深刻的内涵和鲜明主题，这就是"惩恶扬善""公正严明"，这个内涵和主题融于它的塑像、楹联、匾额和碑刻及传说故事中。

在丰都鬼城的碑刻、楹联和匾额中，以文字凸显了鬼城的文化内涵和主题。如劝诫碑文："忿激莫兴讼，饥寒不做贼，淫为万恶首，孝乃百行先""神目如电""善恶昭彰""任尔盖世奸雄到此亦丧胆，凭他骗天手段入门再难欺心"。这些匾额和楹联，一是告诫人们别作恶，要好善；二是说在阴间，所有善恶神都看得明明白白，隐盖不了；三是说在世作了恶，必然要受惩罚。

丰都鬼城的鬼文化，是古人借鬼来表达人们对公正严明、自由幸福的渴望，具有很强的人性光辉。它是以鬼喻人的，具有教化人从善的本意，其追求公正严明、惩恶扬善的思想，反映了封建社会人民对现实的不满，对正义光明的渴求。

Follow Me 重庆深度游
攻略

美食 饕餮一族新发现

油醪糟： 看起来黑乎乎的，其实是因为加了芝麻的缘故。油醪糟是在白醪糟里加上花生米、芝麻，入锅炒制，将它们的香味都炒出来，再加到汤圆里，这样的搭配，让原本软糯的汤圆变得更加香甜可口。

丰都煳辣壳： 是将干红辣椒炕煳到发黑后配以皮薄馅多的抄手一同下锅烹煮而成，味道浓郁醇香。煳辣壳辣椒和普通辣椒的区别在于味道。煳辣壳味道特别鲜香，因为是炕煳了，所以辣度很低，怕辣的朋友也能接受。

丰都翡翠羊肉： 由滑嫩多汁的裹着孜然的羊肉浇上鲜嫩碧绿的芹菜汁制作而成，色泽青碧诱人，味道麻辣鲜香，为当地不可缺少的一道家常美食，丰都县城诸多饭店均可制作。

丰都百子饼： 寓意百子千孙，合家团圆，入口酥脆浓香，是当地县民平日不可或缺的美食。在丰都鬼城景区的百子殿内不仅可品尝到刚烤出来的新鲜饼，还有包装好的可购买带走，是馈赠亲友之佳品。

丰都麻辣鸡： 选用当地土鸡作为原材料，待土鸡处理干净烹熟后淋上混合花椒、辣椒、茴香等特质的调料便可。麻辣鸡色泽鲜美，肉质细嫩，麻辣爽口。在丰都鬼城景区入口处和丰都县城都有麻辣鸡专卖店。

购物 又玩又买嗨翻天

丰都鬼城瓢画： 是丰都民间鬼文化的精髓之作，其大多是在纹理自然的木瓢上绘制出奇异而夸张的鬼脸，色彩丰富，构图大胆，充满想象力。当地人往往会把这种木瓢画挂在家中，用以驱鬼辟邪。鬼城瓢画于1994年被中国文化部评为"中国民间艺术一绝"。

丰都仙家豆腐乳： 选用优质大豆，以白胡椒、砂仁、白蔻等几十种中药配制香料，精心加工而成，通过天然酿造，有着浓郁的酱香及酯香气，味鲜美、醇厚。其中含有多种氨基酸和维生素，营养丰富，开胃助食，特别对年老体弱者及儿童有帮助消化、增强食欲等功能。

丰都红心柚： 于每年10月下旬成熟，果实表皮粗糙，果大多汁，品质上乘，果味酸甜适中，芳香味浓。目前该产品畅销全国各大城市，供不应求。

210

张飞庙

巴蜀胜景　文藻胜地

微印象

@云中的花　第一次听说张飞还有庙，而且到了那儿才知道张飞不是印象中那样只会武的莽夫，一直感觉张飞和李逵特别像，可到了那儿才知道张飞文也很不错。张飞庙地处山上，很壮观，占地面积也很大。印象特别深的就是在这里可以自己撞钟。

@蕊蕊　重庆张飞庙建庙很早，已经有几百年历史，当地人每年来此祭奠，江边风景和环境都还算不错。

门票和开放时间
门票：35元。
开放时间：8:00~17:30。

进入景区交通
位置：重庆市云阳县盘石镇龙安村。
交通：从重庆朝天门汽车站或重庆北站坐车到云阳县，然后在云阳县长席子码头乘坐渡船前往张飞庙。

景点星级
人文★★★★★　特色★★★★　人文★★★★　休闲★★★　美丽★★　浪漫★　刺激★

Follow Me 重庆深度游

张飞庙始建于蜀汉末期，距今已有1700余年的历史，后经历代修葺扩建。张飞庙原址位于飞凤山麓，庙内保存了大量珍贵的字画碑刻，稀世文物200余件，被誉为"巴蜀胜景、文藻胜地"，是长江三峡黄金旅游线上的重要景点之一。

张飞庙内主要建筑有正殿、旁殿、结义楼、望云轩、助风阁、杜鹃亭和得月亭七座。前五处建筑是为纪念张飞而建的，后两处建筑是为纪念唐代大诗人杜甫在此客居而建的，是一座罕见的文武合庙。

解说　张飞庙前世今生

据传张飞在阆中被部将范疆、张达暗害后，二人取其首级投奔东吴，行至云阳，闻说吴蜀讲和，便将其首级抛弃江中，被一渔翁捕鱼时打捞上岸，埋葬于飞凤山麓，世人在此立庙纪念，故有张飞"头在云阳，身在阆中"之说。张飞大义大勇，为人民敬仰，历年农历八月廿八其生辰时，各地群众纷纷前来举行祭祀民俗活动，颇具规模与影响。

因三峡工程建设，张飞庙作为库区唯一一个远距离整体搬迁的文物单位，于2002年10月8日闭馆拆迁，溯江而上30千米，从原云阳老县城对岸的飞凤山搬迁至盘石镇龙安村，2003年7月19日"搬旧如旧"的新张飞庙正式开馆。

亲子研学

全国三大张飞庙

蜀汉大将张飞以其忠义勇猛被后人称赞，人们为了纪念他，在他的家乡河北涿州、他被害的地方四川阆中及其头颅埋葬地重庆云阳均建有张飞庙。除本文云阳张飞庙外，还有如下两处：

涿州三义宫张飞庙：即楼桑庙三义宫，位于涿州市松林镇楼桑庙村。始建于唐乾宁四年（897年），金、元、明各代均有修缮，其布局为山门、马殿、正殿、配殿、后殿共三进院落。现存张飞古井一口，传说为张飞储肉所用古井。另有张飞庙和张飞衣冠冢。

阆中张飞庙：即张桓侯祠，位于阆中古城西街，为全国重点文物保护单位。张飞被部将范疆、张达所杀，死后葬于阆中。"乡人慕其忠勇，于墓前建阙立庙，以礼祀之。"自此之后，张桓侯祠屡废屡兴，历时一千七百余年。现存的张桓侯祠为四合庭式明清古建筑群。

❶ 结义楼

　　进入张飞庙大门，登上二楼来到结义楼前。结义台上以桃花掩映为背景，刘备、关羽、张飞桃园三结义的塑像面江而立，其神态栩栩如生。张飞塑像高举酒杯、仰天长望、沥血祭天、慷慨悲壮的形象，给人以强烈的震撼。结义台前有 20 世纪 40 年代孙元良驻军张飞庙时写下的赞颂张飞的诗句："吾侯椎屠耳，辉煌酹大志，岂为高官爵，宅心在济世。"表达了对张飞的敬仰。

　　结义楼二楼展厅内，数百块木雕书画、长幅画卷琳琅满目，大致看来现存木刻字画一百余件。这是文物工作者想尽办法抢救下来的珍贵文物，不禁令人心生感慨。

> **点赞**　👍 @江湖浪子　从小读《三国演义》，每每被"桃园三结义"的情节所感动，在我眼里，张飞不是那个只知耍大刀的莽夫，他心思缜密，忠义可嘉，而且心思单纯，十分可爱。

❷ 正殿

　　沿结义楼石阶而上便是张飞庙的正殿，正殿中间则是高大勇猛的张飞铜像。原泥塑张飞塑像已被砸碎，后来得到成功修复。张飞铜像上面悬挂着"力扶汉鼎"的牌匾。老百姓将张将军奉为神明，用红布结系在铜像前铁栏杆上以祈求平安。

　　铜像两旁是一组雕塑群。这一组塑像则把诗句中张飞"怒鞭督邮""义释严颜""长坂退敌""阆中遇难"的传奇佳话塑造得栩栩如生。张飞爱憎分明的性格、赤胆忠心的报国精神、横扫千军如卷席的英雄气概及粗中有细的形象，都得到了艺术再现。

Follow Me 重庆深度游

❸ 助风阁

出正殿往西来到助风阁,这是张飞庙现存最早的建筑。助风阁为明代所建宋式双重檐的六角形亭阁。传说助风阁是埋葬张飞头颅的地方。庙内的碑室里可见到传说是张飞立马勒铭的《八蒙摩崖》拓片复制石刻,铭文说道:"汉将军飞率精卒万人,大破贼首张郃于八蒙,立马勒铭。"还有一块传说张飞显灵书写的石碑:"一把铁枪扶社稷,三尺铜剑振乾坤。先生不知余名姓,赤胆黑面老将军。扶汉张将军。"此书法豪情奔放,颇似张飞性格。

助风阁下杜鹃亭的石壁上有一处重要的长江水文石刻"大清同治庚午,洪水至此"的150.35米水位线。1870年,一场洪水将整个张飞庙几乎全部冲毁,老张飞庙就是其后重建的,在庙里就有记载重建过程和捐款人名单的石碑。

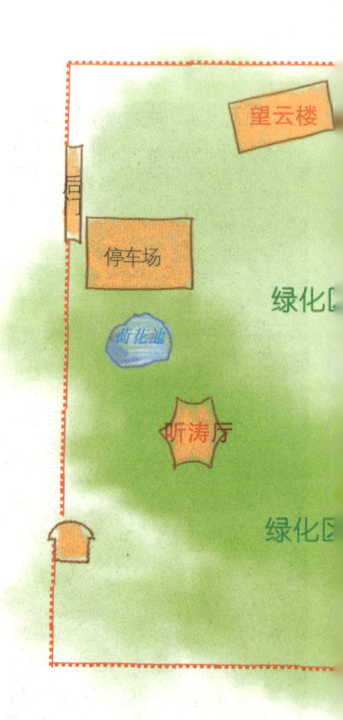

解说

唐代伟大诗人杜甫也与张飞庙结下了不解之缘。在张飞庙就建有一座杜鹃亭,高25米,由24根朱红圆柱支撑的木结构双重檐亭阁,亭顶为绿色琉璃瓦覆盖,色彩鲜丽,脊饰繁复,因杜甫在此吟杜鹃诗而得名。唐永泰元年(765年),杜甫举家东迁,行至云阳(时为云安县)途中,肺病复发,寄居张飞庙中的水阁11个月,其间写下了30多首诗篇。

链接 张飞庙传说

传说张飞神灵在云阳曾几次显灵,几次都保佑云阳人民免受战乱、意外之苦,长江两岸的百姓奉张飞为保佑过往船只一路平安的神灵。后人便在庙里建了助风阁,上书"助我清风"。而今许多云阳人买了新车或者新船都要去庙里放鞭炮,敬香送油;外出打工的年轻人行前也要去庙里祭拜许愿,挣了钱回来还要去还愿。

❹ 望云轩

望云轩是一处小巧幽雅的闭合式庭院。轩内青棕翠竹,盆景成趣。据说望云轩是张飞的英灵遥望东方荆州,期盼二哥云长能够重返蜀土再聚的地方,因此名为"望云轩"。站在北屋推窗放眼望,云阳新城全景尽入眼帘。

❺ 得月亭

出张飞庙大门就是得月亭，得月亭为草顶石柱，其正中悬有一口大钟，有"灵钟千古"的美誉。相传是杜甫《江桥》诗中吟咏的江楼旧址。在张飞庙拆迁过程中，曾经隐藏了上百年历史的"灵钟千古"题字也重新露出真容。为妥善安置这一珍贵遗迹，搬迁后的张飞庙在原位复制"江上风清"题刻，在得月亭崖壁下安放了"灵钟千古"的题刻，使原先两个重叠的人间绝笔得以"双璧齐飞"。

解说

张飞庙历代的住持都非常注意请来此游览的书画名家留下其珍贵墨宝，其中清代瘦梅上人更甚，凡"遇名流过寺，必乞留题"。对张飞庙具有卓越贡献的还要数清末著名书法家彭聚星。张飞庙前"江上风清"即彭聚星得意之作。

彭聚星在任学部主事时，收集了大量的名家字画拓本。他在告老还乡之后将自己多年精心搜集珍藏的历代书法精品都捐献给了张飞庙，并与瘦梅上人专程请来当时国内顶尖的金石篆刻名家姚仁寿与何今雨二人，经过几年时间才将这些拓本篆刻完毕。张飞庙现存的800多幅木刻和石刻大多数是当时所为，使张飞庙成为"文藻胜地""巴渝一胜境"。

庙内收藏汉唐以来的石刻、木刻、字画及新石器时期以来的其他文物千余件，其字画碑刻不少为国内外所罕见，具有较高的历史、艺术和科研价值。

在张飞庙宇画廊、碑室、助风阁、《出师表》展室等殿堂亭阁中，琳琅满目的题刻汇集了各种书画珍品。随处可见悬挂的木刻和镶嵌的石刻，以及大量的石碑，远至汉唐、近到明清，或纵横磅礴、苍劲挺拔，或温润隽秀、绵里藏针。

其中颜真卿木刻《争座位帖》是他的登峰造极之作，与王羲之的《兰亭序》有"双璧"之誉；明代理学家王阳明所书《客座私祝》碑于清光绪二十八年（1902年）刻成，现为国之孤品；郑板桥清雅的竹、石、兰，黄庭坚书《幽兰赋》等，使庙内弥漫着一股浓浓的书卷气。庙内石刻岳飞泼墨挥毫所书诸葛亮的《前后出师表》由何今雨勾勒镂刻，被誉为文章、书法、雕刻"三绝"，成都武侯祠的《前后出师表》就是用张飞庙的拓片所刻。刘墉、张船山、竹禅、彭聚星、龚晴皋、赵熙、郭尚元、张潮庸、刘贞安等人的木刻字画，琳琅满目，美不胜收。

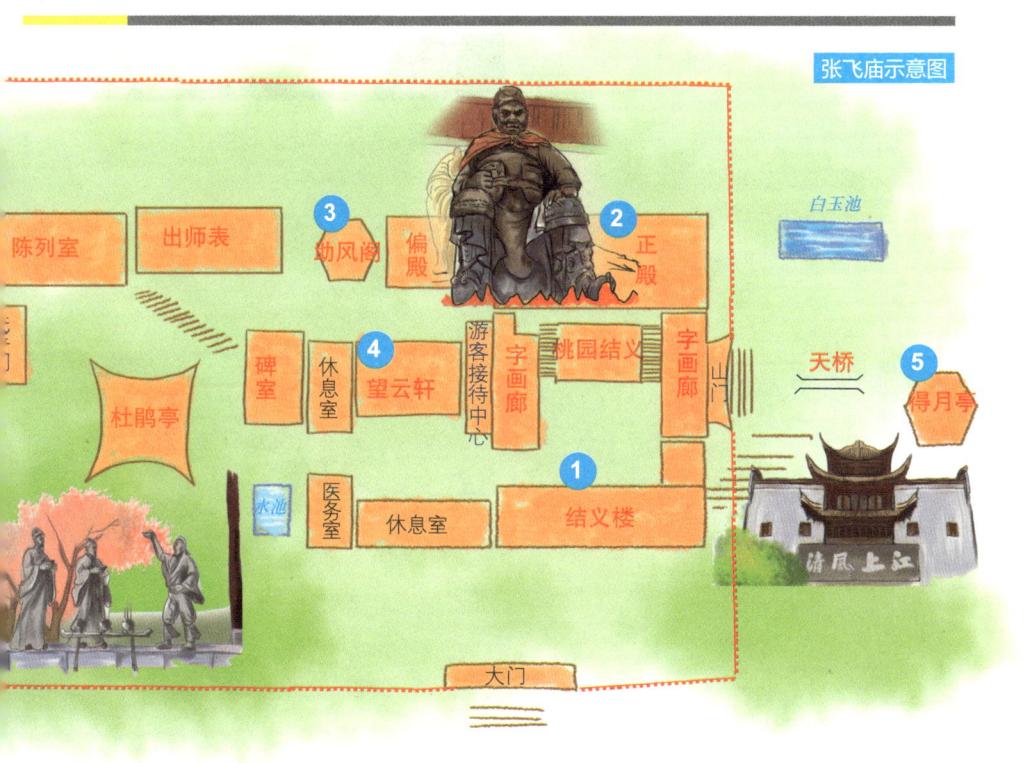

张飞庙示意图

Follow Me 重庆深度游
攻略

美食 饕餮一族新发现

云阳碗儿糕：为云阳当地传统风味小吃，由大米、红糖、芝麻等制作而成，白的雪白，黄的金黄，膨松糯软，香甜微酸，在云阳县城各大街边饭店均可品尝到此种美食。

腊五花肉：不仅肥而不腻，而且腊味很足，再加上云阳当地特产的口感细腻的土豆。土豆能吸收腊肉的油脂味，腊肉的香味也能改善土豆的单调，二者搭配，堪称绝配。

樟茶鸭子：选用优质鸭肉，以白糖、酒、葱、桂皮、茶叶、八角等十几种调味料调制，用樟木屑及茶叶熏烤而成，故名"樟茶鸭子"。其皮酥肉嫩，色泽红润，味道鲜美，具有特殊的樟茶香味。

董氏包面：即传统意义上的抄手，分清汤和红油两种口味。清汤包面里漂着葱花，带着芝麻的香味；红油包面是在清汤里加炒制后的辣椒，口感更霸道。皮薄馅滑，汤浓味美，而且久放不烂。

云阳椒盐虾：此品选鲜活中虾，不必去壳，经油泡后，再用椒盐炒，一盘外焦肉嫩、色泽金黄的椒盐虾便制作而成。

购物 又玩又买嗨翻天

云阳桃片糕，以糯米、桃仁、白糖、饴糖为主要原料，是云阳县知名的地方特产，具有悠久的历史、精湛的制作工艺和独特的风味，深受游客的喜爱，可选购作旅行纪念品。